AF358564

Par le Dr Edgar BÉRILLON,
Médecin-Inspecteur des Asiles d'Aliénés.
Professeur à l'Ecole de Psychologie.
Directeur de la "Revue de Psychothérapie".

LA
Psychologie de la Race Allemande

D'après ses caractères objectifs et spécifiques

AVEC 23 FIGURES

LE REGARD ALLEMAND

Prix : 1 fr. 50 c.

A. MALOINE ET FILS, ÉDITEURS
27, RUE DE L'ÉCOLE-DE-MÉDECINE, 27
PARIS, 1917

CONFÉRENCE FAITE A PARIS LE 4 FÉVRIER 1917

Extrait du volume des Conférences
de l'*Association Française pour l'Avancement des Sciences*

ANNÉE 1917

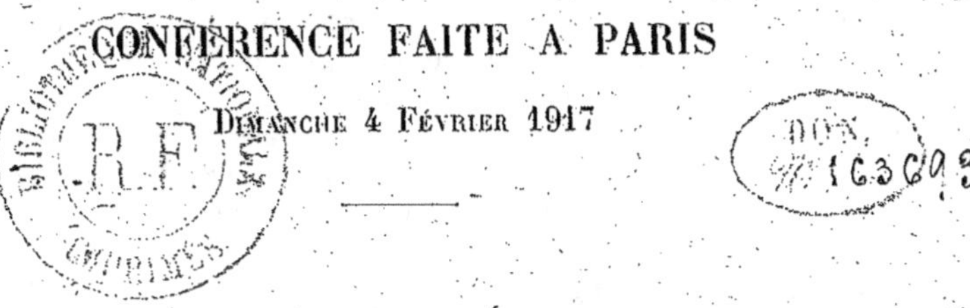

CONFÉRENCE FAITE A PARIS

DIMANCHE 4 FÉVRIER 1917

M. LE Dr EDGAR BÉRILLON,

Médecin-Inspecteur des Asiles d'Aliénés, Professeur à l'École de Psychologie.

LA PSYCHOLOGIE DE LA RACE ALLEMANDE
D'APRÈS SES CARACTÈRES OBJECTIFS ET SPÉCIFIQUES.

MESDAMES, MESSIEURS,

La psychologie comparée, envisagée comme science indépendante et dégagée de toute préoccupation métaphysique, tire sa source de l'observation et de l'expérimentation. Étudiant les états psychologiques dans leurs manifestations extérieures, elle se préoccupe avant tout de la constatation et de la mesure de leur objectivité.

Avant de recourir aux déductions qui la conduiront à des conclusions synthétiques, elle réunit tous les matériaux susceptibles de lui être fournis par la méthode objective.

A ce titre, elle doit être considérée comme une des branches de l'histoire naturelle et comporte pour les psychologues, de même que pour les naturalistes, la description préalable de l'objet observé.

Sans cette description, il ne serait pas possible de constater les ressemblances et les différences qui existent, non seulement entre les individus de même espèce, mais aussi entre ceux des diverses races.

En étudiant et en caractérisant psychologiquement les races, en mesurant le degré de leur développement mental, en décelant leurs tendances, leurs aptitudes et les mobiles qui les font agir, la psychologie comparée devient, selon la prévision de Broca, une des branches les plus importantes de l'anthropologie générale. C'est ainsi qu'on peut prévoir le jour où cette science nouvelle sera capable, par un ensemble de déductions scientifiques, de nous instruire sur les modes de formation des caractères nationaux et de nous faire comprendre les causes profondes des antagonismes et des conflits entre les peuples.

La légitimité de la comparaison, employée comme procédé d'investigation psychologique, a été clairement mise en lumière par Cabanis, dans son *Traité des rapports du physique et du moral*.

Quand on compare, dit-il, l'homme avec l'homme, on voit que la nature a mis entre les individus des différences analogues et correspondantes, en quelque sorte, à celles qui se remarquent entre les espèces.

Les individus n'ont pas tous la même taille, les mêmes formes extérieures; les fonctions de la vie ne s'exercent pas chez tous avec le même degré de force ou de promptitude; leurs penchants n'ont pas la même intensité, ne prennent pas toujours la même direction.

Les différences qui frappent les premières se tirent de la taille et de l'embonpoint. Il y a des hommes d'une stature élevée; il y en a dont la stature est courte.

Tantôt ils sont ou doués de muscles puissants ou chargés de graisse; tantôt ils sont maigres ou même décharnés. La couleur des cheveux, des yeux, de la peau, fournit encore quelques autres distinctions, qui doivent également être rapportées aux formes extérieures.

Si nous observons ces corps en mouvement, si nous les voyons déployer les facultés et remplir les fonctions qui leur sont propres, nous trouverons que les uns sont vifs, alertes, quelquefois impétueux, que les autres sont lents, engourdis, inertes.

Leurs maladies présentent, à plusieurs égards, les mêmes caractères que leur constitution physique; leurs penchants, leurs goûts, leurs habitudes obéissent à la même impulsion et subissent des modifications analogues à celles de leurs maladies, et l'on voit assez souvent cet état primitif des organes *étouffer certaines passions, faire éclore des passions nouvelles à certaines époques déterminées de la vie et changer, en un mot, tout le système moral.*

Par sa préoccupation constante d'établir les rapports entre les facultés physiques et les facultés morales, c'est-à-dire entre la forme extérieure de l'objet et sa destination spécifique, Cabanis apparaît comme l'inspirateur le plus clairvoyant des recherches se rapportant à la psychologie comparée des races.

Il est à regretter que les psychologues de l'époque contemporaine aient hésité si longtemps à le suivre dans cette voie. L'examen comparé de la mentalité des groupes ethniques leur eût assurément donné des résultats plus satisfaisants que les études de psychologie inductive à laquelle un si grand nombre d'entre eux ont, sans aucune utilité, consacré un temps précieux.

Il est vrai que l'observation des races n'est pas sans se heurter à quelques difficultés.

En 1866, Bourdin, dans un curieux mémoire, présenté à l'Académie des Sciences, démontrait qu'en vertu d'un instinct méconnu, l'homme tend à reproduire, par le dessin et la sculpture, le type de la race à laquelle il appartient. Par contre, de la spécificité même de cet instinct résulte l'explication de son impuissance à représenter des hommes de race différente.

L'art ne serait autre chose que la victoire remportée sur cet instinct.

L'observation de Bourdin se trouve actuellement vérifiée par le fait que les dessinateurs français, lorsqu'ils ont l'idée de crayonner des types allemands, ne manquent jamais de les décorer de quelque attribut de notre race. Ils n'arrivent pas à les représenter absolument tels qu'ils sont. Cela tient à ce que leur œil n'a pas été initié d'assez bonne heure à l'observation des attitudes, des gestes, du rythme et de la physionomie des individus de race allemande. Un de nos artistes les plus connus n'a jamais esquissé la silhouette d'une femme allemande sans la doter des pieds les plus fins et de la cambrure plantaire la plus délicate. Son crayon cède irrésistiblement à l'impulsion d'attribuer des extrémités françaises aux plus lourdes Poméraniennes.

Les dessinateurs alsaciens Hansi et Zislin sont arrivés à la reproduction exacte du type allemand parce que leur naissance en pays annexé leur a facilité, dès la plus tendre enfance, la contemplation des immigrés.

Si la représentation figurée se trouve ainsi limitée, par un instinct particulier, aux individus de notre propre race, il n'y a pas de raison pour qu'il n'en soit pas de même lorsqu'il s'agit de la compréhension et de la description du type mental.

En effet, même chez les esprits les plus cultivés, rien ne manque autant que l'intelligence de tout ce qui a rapport aux nations étrangères. C'est ce qui explique pourquoi la mentalité de la race allemande est, jusqu'à ce jour, restée si complètement incompréhensible pour un grand nombre de nos compatriotes.

Dans ces conditions, on comprend que les psychologues chez lesquels l'aptitude à l'observation des êtres humains ne s'élève pas à la hauteur d'un art ne se hasardent pas à l'étude comparative des représentants des diverses races. La race à laquelle ils appartiennent leur apparaît comme le seul champ d'observation capable de retenir utilement leur attention.

La psychologie comparée doit donc être envisagée comme un ordre de recherches nécessitant une préparation et une adaptation spéciales. En particulier, les études médicales constitueront le moyen le plus efficace pour réaliser cette adaptation, la pratique de la médecine reposant essentiellement sur l'appréciation et sur la comparaison des caractères objectifs.

L'objectivité étant constituée par tout ce qui est extérieur, et par conséquent perceptible au moyen des sens, il n'est pas douteux que l'observation sera d'autant plus exacte que nos perceptions sensorielles seront mieux exercées, auront plus de durée et pourront être plus aisément renouvelées.

A ce sujet, il convient d'établir une distinction entre ce qui peut être considéré comme l'*objectivité permanente et durable* et ce qui ne constitue qu'une *objectivité passagère*. L'objectivité permanente se trouve créée par la constitution anatomique des individus, leur physionomie générale leurs fonctions organiques, leurs mouvements automatiques, leurs habitudes et leurs aptitudes en quelque sorte stéréotypées.

L'objectivité passagère apparaît dans les gestes, les réflexes physiques et psychiques, les paroles, les expressions de physionomie, et dans toutes les réactions extérieures dont la durée n'est pas assez prolongée pour qu'elles puissent être à loisir appréciées et analysées.

Mais, que l'objectivité soit durable ou passagère, l'observation des objets les plus simples n'en comporte pas moins de nombreuses causes d'erreur. Il n'est pas rare de trouver, dans la description d'un même individu, d'un même fait, les discordances les plus choquantes. Cela tient tout d'abord à ce que la faculté d'observer n'est pas développée au même degré chez tous les hommes de science.

S'il en est chez qui la justesse d'observation apparaît comme le développement d'un don héréditaire ou d'une heureuse facilité d'adaptation, il semble que d'autres réalisent l'état décrit par le Psalmiste :

Ils ont des yeux et ne voient pas; leurs oreilles sont conformées pour ne pas entendre.

Frappé de la fréquence, même chez ceux qui se destinent à des carrières scientifiques, de cette inaptitude à l'utilisation de leurs sens, le professeur Beauvisage s'est appliqué à en déterminer les causes. Dans son livre si documenté sur la *Méthode d'observation*, dont on ne saurait trop recommander la lecture, il enseigne les procédés les plus capables de développer, chez l'étudiant, la faculté d'observer, de dénombrer, de comparer et d'analyser.

Pendant longtemps, l'histoire et la littérature ont constitué le seul moyen de transmettre la description des caractères psychologiques extérieurs présentés par les hommes. Plus tard, les arts représentatifs : la peinture, la sculpture, la gravure, en dépit de certaines imprécisions de convention, ont en quelque sorte fixé l'objectivité, non seulement des physionomies et des attitudes, mais aussi des impulsions de l'âme et des passions.

A notre époque, d'ingénieux observateurs ont trouvé dans les œuvres artistiques anciennes les éléments de curieuses études de psychologie rétrospective. Au premier rang de ces auteurs, il convient de citer Charcot (1), Paul Richer (2), Félix Regnault (3). L'analyse psychologique de figures peintes ou sculptées (4) m'a fourni personnellement l'occasion d'études du même ordre et m'a permis de déceler les intentions psychologiques dans lesquelles des artistes anciens avaient puisé la source de leur inspiration.

---

(1) CHARCOT : *Les démoniaques dans l'art.*

(2) Paul RICHER : *L'art et la médecine.*

(3) Félix REGNAULT : *Les idiots dans l'art antique (Revue de l'Hypnotisme*, 22ᵉ année, 1907).

(4) BÉRILLON : *Les femmes à barbe dans l'art et dans l'histoire (Revue de l'Hypnotisme*, 19ᵉ et 20ᵉ années, 1905 et 1906); *La pathologie præ-colombienne d'après les ex-voto aztèques (Revue de l'Hypnotisme*, 26ᵉ année, 1911); *Le baphomet des Templiers (idole androgyne) (Esculape*, 3ᵉ année, nᵒˢ 1 et 2).

Mais, de tous ces ouvrages, c'est le livre du Dr Galippe, sur l'*Hérédité des stigmates de dégénérescence dans les familles souveraines*, qui se rattache le plus directement à l'étude de psychologie objective que je poursuis actuellement. De l'analyse de deux cent soixante-dix-huit portraits, le Dr Galippe a pu dégager l'explication de l'influence dégénératrice exercée, pendant plus de cinq cent sans sur les destinées de l'Europe, par la dynastie allemande des Habsbourg (1).

La psychologie positive a également su tirer parti des découvertes scientifiques contemporaines. La photographie instantanée et la cinématographie, en prenant sur le vif, et le plus souvent de la façon la plus indiscrète, les expressions extérieures de la pensée, ont apporté les révélations les plus inattendues sur les déclenchements de l'automatisme psychologique.

A ces recherches, il faut ajouter l'utilisation des appareils qui constituent l'arsenal de la physiologie. Un certain nombre d'universités ont été dotées de laboratoires où l'on s'est efforcé d'étendre les applications de la méthode graphique à l'étude des faits psychologiques.

Dans cet ordre d'idées, où les investigations constituent de véritables épreuves de patience et d'application méticuleuse, mais d'où sont exclues les interventions de l'imagination créatrice, les Allemands ont de suite occupé la première place.

Une armée innombrable de psychologues *d'instrumentation* est venue s'inscrire dans les laboratoires des diverses universités allemandes. Là, maîtres et élèves, depuis quarante ans, avec une ténacité tout à fait disproportionnée avec le peu d'importance du but à atteindre, se sont adonnés à la mesure des temps de réaction. Absorbés par la préoccupation de connaître, dans la durée des fonctions qui dépendent du système nerveux, le temps qui s'écoule entre l'excitation et la réaction, ils ont rempli de leurs calculs, de leurs mensurations, de nombreuses revues spéciales dont seuls des Allemands étaient susceptibles d'apprécier l'intérêt.

A ces mémoires il convient d'ajouter des thèses, des traités spéciaux, des compilations dont les indications bibliographiques venaient chaque année augmenter le volume et l'épaisseur.

En France, tout cet effort si considérable n'était porté à la connaissance des hommes compétents que par des analyses assez brèves, suffisantes toutefois pour démontrer l'inutilité à peu près complète de ces travaux, dits de laboratoire. C'est que, poursuivis à l'allemande, c'est-à-dire sans idée directrice et sans conception originale, ils étaient plus inspirés par la préoccupation de la quantité que par celle de la qualité.

D'ailleurs, les recherches poursuivies en France dans cet ordre d'idées ont été abandonnées au bout de quelques années, faute d'avoir abouti à des résultats dignes d'être mentionnés.

---

(1) GALIPPE : *L'hérédité des stigmates de dégénérescence dans les familles souveraines*, 1905.

Il m'est arrivé, dans un congrès international, d'être mis en rapport avec le professeur d'Allemagne *le plus compétent* dans la mesure des temps de réaction. Il s'est appliqué très consciencieusement à me démontrer tout l'intérêt qui pouvait résulter de la connaissance des *Wortreaction* (temps de réaction d'un mot) aussi bien que des *Wortunterscheidunzeit*, autre mot barbare qui signifie : temps de discernement d'un mot. Il n'est pas arrivé à me faire comprendre pourquoi, lorsqu'il suffit de trois secondes à un docteur en philosophie allemand pour avaler un demi-litre de bière, il ne lui faut pas moins de trois quarts d'heure pour saisir la signification d'un mot d'esprit.

C'est la constatation du temps consacré, sans aucun résultat pratique, à mesurer la durée des réflexes ou des diverses réactions motrices qui m'a amené à penser qu'il y aurait certainement plus d'utilité à orienter la psychologie vers l'étude comparée de la mentalité des races.

*
* *

Le mot de race est surtout usité quand il s'agit de la classification ou de la désignation des animaux. Au contraire, lorsqu'il s'agit des hommes, une sorte de convention de bienséance en limite l'emploi à l'ethnographie et à l'anthropologie.

Les causes de cette limitation sont multiples. S'il est des races dont le nom éveille d'habitude des souvenirs d'humanité, de vaillance, d'esprit chevaleresque, il en est d'autres dont l'évocation implique presque fatalement l'impression d'une sorte d'infériorité, de déchéance ou même de déconsidération.

D'autre part, on rencontre dans les mélanges humains des personnes de sang plus ou moins mêlé, auxquelles il serait vraiment difficile d'assigner une place dans une race particulièrement définie.

La crainte de froisser involontairement des susceptibilités plus ou moins justifiées interdit aux hommes du monde et à tous ceux qui ne sont pas complètement indépendants, de s'aventurer sur un terrain aussi délicat. C'est ainsi que des considérations d'ordre diplomatique peuvent, dans de nombreuses circonstances, apporter des restrictions à l'esprit de vérité.

Mais, que les conditions de la vie habituelle viennent à se modifier, que, par exemple, le danger de la guerre menace les peuples dans leur liberté ou dans leur sécurité, la notion de la race réapparaît immédiatement avec toute sa force. C'est d'une façon irrésistible qu'elle se révèle dans les proclamations, dans les discours, dans la presse et jusque dans les conversations privées.

C'est que l'idée de la race n'est pas une vue de l'esprit, mais une entité. Une race, en effet, se compose d'un ensemble d'individus présentant des caractères communs, transmissibles par hérédité.

Les caractères communs aux individus appartenant à la même race se rattachent à diverses particularités d'ordre anatomique, physiologique et psychologique, et ces caractères sont si marqués, si évidents, qu'un examen prolongé n'est pas nécessaire pour les reconnaître.

Le seul aspect d'un chien, d'un cheval, d'un bœuf suffit pour renseigner sur la race à laquelle il appartient. Il en est de même pour les races d'hommes. Il est vrai qu'en présence de groupes ethniques dont la coloration cutanée est à peu près semblable, un examen un peu plus attentif devient nécessaire. Cependant l'hésitation, pour un œil exercé, ne saurait être de longue durée. La différence entre un Allemand et un Français est au moins aussi grande que celle qui sépare un Zoulou d'un Sénégalais, un Chinois d'un Japonais, et, pour être plus expressif, un dogue d'Ulm d'un braque d'Auvergne.

La fixité des races a été reconnue dès la plus haute antiquité. Les dictons populaires, les proverbes et les traditions dans tous les pays ont exprimé avec force l'idée que les enfants héritent des mœurs, des inclinations, des qualités et des défauts de leurs parents.

Dans l'antiquité, des familles entières étaient reconnues impures et mises hors la loi. Les malédictions bibliques s'étendaient jusqu'à la cinquième génération.

Beaucoup de naturalistes, de psychologues, d'anthropologistes se sont appliqués à démontrer qu'il est des tendances innées contre lesquelles l'influence sociale se montre radicalement impuissante. Ils concluent à l'impossibilité de modifier chez l'individu le tempérament et le caractère de la race. A cet égard, ils renforcent l'opinion d'Horace :

Naturam expellas furca tamem usque recurret

que le poëte Destouches (dans *Le Glorieux*) traduit d''une façon si expressive :

Chassez le naturel, il revient au galop.

Les dispositions de la race n'attendent pas la maturité de l'âge pour se manifester ; elles apparaissent de très bonne heure chez l'enfant. C'est ce que démontre justement de Candolle dans les lignes suivantes :

Si l'hérédité ne jouait aucun rôle dans le caractère des peuples, on ne verrait pas les enfants, même jeunes et à l'école, différer sensiblement d'un pays à l'autre. Rien de plus curieux, cependant, que de comparer une réunion de petits Italiens et de petits Allemands. Les premiers ont des physionomies éveillées, une grande vivacité, une singulière aptitude à saisir ce qu'on leur enseigne. Les seconds se distinguent par le calme, le sérieux et l'application. Ces enfants diffèrent peut-être plus que les Allemands et les Italiens d'âge mûr ? (1)

Dans son *Histoire des Gaulois*, après avoir comparé les descriptions qui nous ont été laissées des anciens habitants de la Gaule avec les habitants de la France actuelle, Amédée Thierry affirme qu'il a pu reconnaître chez

---

(1) De Candolle : *Histoire de la Science et des Savants*, p. 330.

les Français, dans la proportion de 19 sur 20, les caractères de la race gauloise.

Après lui, un autre observateur non moins consciencieux, William Edwards, dans une lettre publiée en 1829, sous le titre : *Des caractères physiologiques des races humaines considérées dans leurs rapports avec l'histoire*, est arrivé à la même conclusion que l'on peut retrouver les anciens peuples dans les modernes. Selon lui, il y a identité et continuité du type celtique à travers les populations intermédiaires qui ont habité la France.

Mon maître, Th. Ribot, dans son livre sur l'*Hérédité psychologique*, après avoir étudié les divers modes de transmission du *caractère national* par l'hérédité, arrive à la même opinion. Il admet que les Français d'aujourd'hui ne sont que les continuateurs des Gaulois de César. Il en trouve la preuve dans la conservation des mêmes qualités trop souvent contrariées par les mêmes défauts.

Si l'étude de la race française a permis à des auteurs dont on ne peut contester la valeur d'arriver à des conclusions aussi précises, les mêmes procédés d'examen peuvent-ils être appliqués avec fruit à la connaissance de la race allemande? La réponse est d'autant moins douteuse que de temps immémorial le principal caractère des Allemands *de pure race germanique*, c'est-à-dire de la très grande majorité des habitants d'outre-Rhin, n'a cessé d'être la tendance à traduire leurs sentiments par des manifestations extérieures. L'Allemand est dominé par une impulsion irrésistible à objectiver, c'est-à-dire à exprimer ses sentiments par des démonstrations éclatantes, à extérioriser ses idées, ses opinions, ses croyances, ses aspirations par des symboles, à réglementer ses actes, ses gestes et ses attitudes et à les discipliner par des pratiques rituélistes. Une phrase souvent répétée par leurs écrivains est la suivante : *Nous sommes le peuple de l'objectivité*. C'est de cette objectivité même que je vais extraire les éléments les plus démonstratifs de la continuité et de la spécificité de la race allemande.

I

L'OBJECTIVITÉ ANATOMIQUE DE LA RACE ALLEMANDE

Les Allemands sont-ils les représentants d'une race spéciale, reconnaissable à des caractères physiques fixes et spécifiques, et, par ce fait, différente des autres races? Les intéressés ont eux-mêmes donné la réponse. Non seulement les anthropologistes et les ethnographes allemands démontrent que les individus de leur pays se rattachent par des liens et des caractères communs à une race distincte, mais ils tirent de cette constatation un profond sentiment d'orgueil. Ils pensent que les particularités dont la nature a doté cette race doivent lui assurer la domination sur le monde.

L'orgueil national allemand n'attend pas que les mérites de la race germanique soient reconnus par les étrangers. Il se décerne à lui-même toutes les qualités d'intelligence, de moralité et même de bonté dont la réalité, il faut le dire, n'apparaît pas aussi clairement aux yeux des représentants des autres races.

Le seul point sur lequel n'insistent pas les panégyristes de la race allemande, c'est la beauté. Ils font preuve également d'une certaine réserve sur le chapitre de la distinction, de l'élégance et du bon goût. C'est que dans cet ordre d'idées, leurs affirmations ne pourraient illusionner que des aveugles.

Fait singulier : tandis que les Allemands se proclamaient les représentants d'une race spéciale, il n'était pas rare, il y a encore peu de temps, d'entendre des Français exprimer l'opinion suivante : « Mais les Allemands..., ce sont des gens comme nous ! » Ces ignorants ou ces savants trop spécialisés, justifiant ainsi l'opinion que « les extrêmes peuvent se toucher », ne se rendaient pas compte qu'ils raisonnaient comme s'ils avaient dit : « Mais les loups.... ce sont des chiens comme les autres. »

En réalité, il y a plus de différence entre un Français et un Allemand qu'entre un chien et un loup, entre un chat et un tigre.

Pour admettre qu'un Allemand soit un homme comme un autre, il ne faut jamais avoir eu l'occasion de considérer avec quelque attention un spécimen de sa race :

Si l'on examine le type allemand dans son ensemble on constate qu'il s'en dégage une impression de *lourdeur*. Le véritable caractère national des Allemands, c'est la lourdeur, elle paraît dans *leur démarche*, dans *leurs façons*, leurs récits, leurs discours, leurs écrits.

Qui s'exprime ainsi ? — C'est un philosophe allemand : Shopenhauer. Mais ce n'est pas tout. L'opinion d'un autre philosophe : Nietzsche vient corroborer la précédente en l'accentuant :

La gaucherie, la rusticité du geste, la maladresse du doigté, ce sont là choses à tel point allemandes qu'à l'étranger on les confond avec la nature allemande.

Ce qu'ils n'ont pas dit, c'est que cette lourdeur choque encore plus par le manque de grâce que par le défaut d'agilité. Dans l'Allemand, tout est disgracieux, discordant, parce que ses gestes et ses mouvements s'effectuent avec la raideur d'un pantin mécanique. Les automates de Vaucanson avaient plus de souplesse et de naturel. A la mort de ce mécanicien de génie, l'Allemagne, qui avait acheté ses modèles les plus célèbres, ne sut même pas les imiter.

De ce premier coup d'œil sur la race allemande, il résulte que le type général est laid, disproportionné, et qu'il donne l'impression du mal dégrossi, du mal fini, du *mal léché*.

Je prévois d'ici l'objection : — « Mais il n'est pas rare de rencontrer en Allemagne des hommes bien faits, d'allure svelte et de tournure distinguée. » — Une enquête approfondie ne tarderait pas à apprendre que, dans ces cas là, il s'agit toujours de Slaves, de Polonais, de Tchèques, de Danois, de Lorrains, d'Alsaciens, de représentants des populations annexées, ou de ceux qui, d'origine française, descendent en ligne directe des réfugiés de l'Édit de Nantes.

Si de l'examen d'ensemble nous passons à l'observation des diverses régions, nous serons frappés de la prédominance et de la fixité de certains caractères anatomiques.

Le crâne. — Nous conformant à la méthode des anthropologistes, commençons par le crâne. A ce sujet nous ne pourrons mieux faire que de nous incliner devant les conclusions des savants allemands les plus autorisés. L'opinion admise par les plus compétents de leurs experts en craniométrie, c'est que la masse principale des *véritables Allemands* provient d'une race autochtone de *dolichocéphales blonds* (fig. 1).

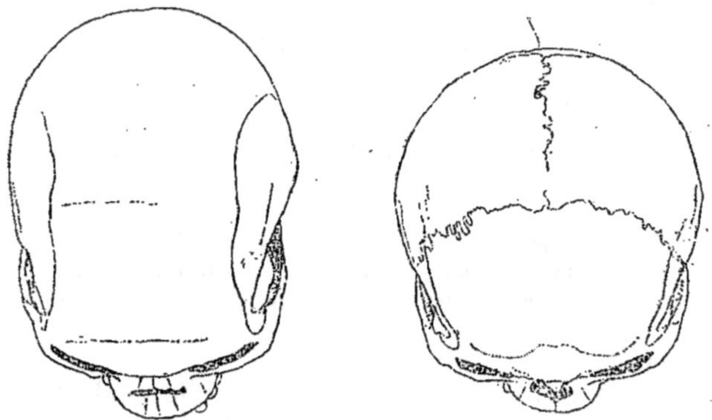

Fig. 1. — Crâne dolichocéphale (long), crâne brachycéphale (rond).
(G. DE MORTILLET.)

Un fait qui tendrait à leur donner raison, c'est que les Allemands présentent, au plus haut degré, les deux dispositions anatomiques qui, chez les individus blonds, accompagnent la dolichocéphalie, c'est-à-dire l'épaisseur des attaches et la grosseur des extrémités. L'épaisseur et la longueur des mains expliquent pourquoi, depuis les époques les plus reculées, les dolichocéphales du Nord ont eu recours, dans les combats, à des armes d'un poids plus lourd que celles de leurs adversaires.

Il est hors de doute que les dolichocéphales occupent, en Allemagne, dans le gouvernement, dans le commandement de l'armée et dans l'administration, le rôle dominateur, les brachycéphales de Bavière ne jouant, par leur nombre et par leur autorité, qu'un rôle des plus restreints dans les conseils politiques.

En France, au contraire, la proportion est renversée. La presque totalité des Français appartient au type brachycéphale, et l'application du régime majoritaire, adopté par notre démocratie, lui assure la prépondérance.

Les chefs auxquels ont été confiées les destinées de la France, de l'Angleterre et de l'Italie présentent des conformations craniennes ayant le plus de rapports avec la brachycéphalie.

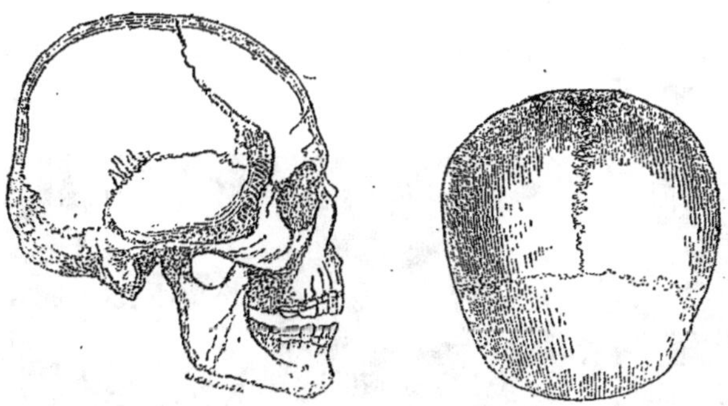

FIG. 2. — Crâne brachicéphale. (DE QUATREFAGES.)

Les Français actuels ont conservé d'ailleurs les principaux caractères de la race brachycéphale dont ils sont issus, et sont également reconnaissables par la finesse de leurs attaches ainsi que par les dimensions modérées de leurs mains et de leurs pieds.

D'où viennent ces brachycéphales qui, se fixant dans notre pays, ont constitué le fond de la population française? A cette question, G. de Mortillet répond :

La petitesse des poignées de leurs épées et l'étroitesse de leurs bracelets de bronze montrent qu'ils avaient les mains étroites et les poignets assez grèles, caractères qu'on rencontre communément si on se dirige du côté de l'Inde.

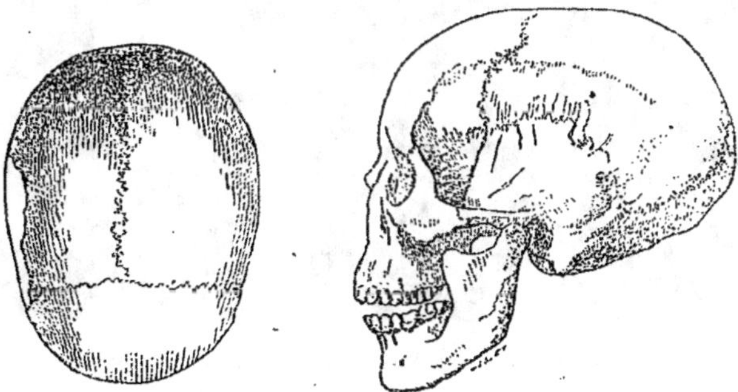

FIG. 3. — Crâne dolichocéphale. (DE QUATREFAGES.)

La guerre actuelle entre la masse des Germains dolichocéphales et le groupement des Celtes brachycéphales n'est qu'un épisode de la lutte par laquelle les deux races antagonistes s'efforcent de faire prévaloir leurs conceptions diamétralement opposées de l'organisation sociale et de la civilisation (fig. 2 et 3).

La physionomie. — Sans nous arrêter plus longtemps aux caractères généraux fournis par la conformation du crâne, si nous procédons à un examen plus détaillé de la physionomie, nous trouvons une première indication dans les travaux de Lavater. Cet observateur écrivait en 1806 :

Je reconnais l'Allemand aux plis qui entourent ses yeux et aux sillons qui entrecoupent ses joues.

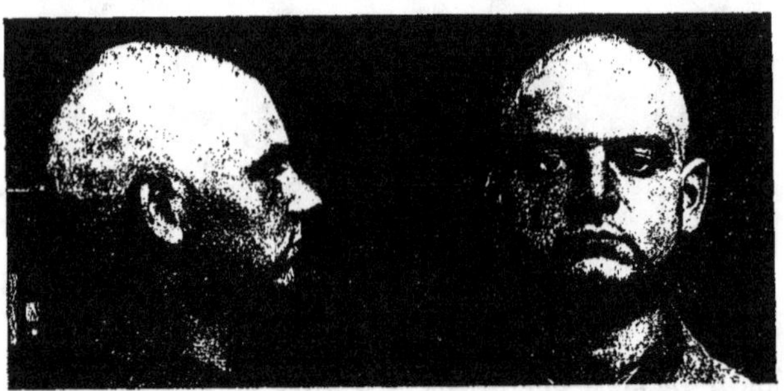

Fig. 4. — Allemand de Prusse (dolichocéphale blond).

Plus loin, il ajoute :

Les physionomies des Anglais, en général, sont dessinées à grands traits, mais elles n'ont pas cette variété de nuances, ni *cette quantité de plis et de rides qui caractérisent les visages allemands.*

Fig. 5. — Allemand de Westphalie (dolichocéphale brun).

Une étude plus approfondie de la physionomie allemande est fournie par Desbarolles, dans son livre publié en 1866 sur le *Caractère allemand par la physiologie.* Avec la claire vision du génie, Desbarolles dépeint le type allemand tel qu'il nous apparait dans les documents photographiques actuels.

Des yeux creux, dont le développement des arcades sourcilières et des pommettes augmente encore l'enfoncement, un nez court et souvent de travers,

ordinairement déprimé à la racine, une bouche grande et garnie de dents mauvaises, des lèvres minces ou des lèvres plus fortes, dont l'inférieure est alors un
peu pendante, la mâchoire large, le menton plat et osseux, mais sans signification, comme la bouche. Les oreilles sont longues, collées à la tête et mal
bordées, les tempes creuses, le teint pâle ou plutôt plombé, même chez les
femmes, car la fraîcheur accordée aux Allemandes est une erreur à ajouter à
tant d'erreurs sur ce peuple peu connu.

Après avoir démontré que le sens de la comparaison, logé dans les lobes
frontaux, manque au plus grand nombre des Allemands, il en indique la
raison et la conséquence :

Ce salutaire organe manque si complètement à presque toutes les têtes allemandes, que les étudiants trouvent dans cette dépression une place toute faite
pour la visière de leur casquette : ils la collent sur le milieu du front où elle
s'adapte merveilleusement.

A cette description, forcément incomplète, de Desbarolles, j'ajouterai quelques observations personnelles : lorsqu'on regarde la tête d'un Allemand,
si l'on trace par la pensée une ligne passant au-dessous du nez, on ne peut
manquer d'être frappé de ce fait que, chez lui, la partie supérieure occupée
par les organes des sens évocateurs de la pensée, les yeux, le nez et les
oreilles, n'exige pas une place plus grande que la bouche et les mâchoires,
dévolues aux appétits animaux.

Le front bas, rétréci, à l'arrière duquel s'élève ce dôme conique dans
lequel l'Allemand place, avec tant d'orgueil, la localisation de la supériorité,
intellectuelle, est bien la représentation de l'instrument grossier qu'il
renferme. Son seul aspect fait comprendre pourquoi il ne se dégage de
l'ensemble de cette physionomie ni élan de générosité, ni esprit de finesse,
ni sentiment de justice ou de dignité.

C'est de la forme rectangulaire du crâne et du visage qu'est venu l'usage
de désigner couramment les Allemands sous le nom de *têtes carrées*.

Il nous reste maintenant à envisager isolément chacun des organes de la
face. Examinons :

Les yeux. — Arrêtons notre attention sur ces yeux, dont le manque
d'expression et d'éclat apparaît comme le caractère le plus frappant ;
ces yeux, que leur absence de vivacité et de mobilité a pu souvent faire
comparer à des *yeux de verre*. Les magistrats et les fonctionnaires de la
police judiciaire ont noté chez les assassins ce regard froid, terne, réalisant
en quelque sorte l'*absence du regard* que l'on retrouve chez un si grand
nombre de soldats allemands. Chez beaucoup d'entre eux, on observe le
regard inquiet, oblique, sournois des voleurs. C'est le regard habituel de
tous les prisonniers de guerre allemands que l'on peut voir actuellement
défiler sur l'écran de nos cinématographes. C'est donc un fait d'observation
courante que le regard de l'Allemand se dérobe, comme s'il redoutait qu'on

puisse y trouver quelque impression de nature à renseigner sur ses pensées secrètes et sur ses véritables intentions (fig. 6 et 7).

Fig. 6. — Allemand de Poméranie (le regard allemand).

Les oreilles. — Quant aux oreilles, il suffit d'avoir vu une fois ces deux cornets, allongés, mal bordés, plantés en saillie, se dressant comme des oreilles de loup ou de renard, pour en garder le souvenir.

Fig. 7. — Allemand de Saxe (le regard allemand).

D'ailleurs, les oreilles allemandes ne semblent-elles pas faites pour faciliter la tâche des dessinateurs humoristes ?

Le nez. — Le nez des Allemands n'a pas été créé pour sentir : c'est le nez des races de chiens de garde, dépourvus de tact et de flair, uniquement préoccupés de mordre et d'aboyer.

Entre le nez du welche et le nez du boche un observateur attentif retrouverait les différences accusées qui séparent l'appareil olfactif du chien d'arrêt français de celui du dogue poméranien.

L'écrasement du nez à la partie supérieure, par sa fréquence, peut être considéré comme un signe de race, chez les Allemands. C'est à cet aplatissement qu'il faut attribuer la préférence qu'ils accordent aux lunettes, car

Fig. 8. — Groupe d'officiers prussiens prisonniers (le regard allemand).

leur nez ne serait pas capable de supporter le pince-nez. L'usage du lorgnon suffit à indiquer, lorsqu'on le rencontre en Allemagne, qu'on ne se trouve pas en présence d'un véritable Allemand, mais d'un Tchèque, d'un Alsacien-Lorrain, ou d'un descendant de réfugiés de l'Édit de Nantes.

La bouche. — Passons à la moitié inférieure de la face. L'ampleur et la saillie des joues, la profondeur du sillon naso-labial, l'étendue de la cavité buccale, l'épaisseur de la lèvre inférieure indiquent la prédominance de la fonction digestive.

Dans le menton carré, en galoche, dans l'épaisse mâchoire inférieure, on retrouve le marteau et le meule propres à broyer les aliments.

L'exercice des muscles masticateurs, en les développant, a contribué à doter la physionomie de l'Allemand d'un de ses signes les plus saisissants. Dans toutes les races, aussi bien les races humaines que les races animales, l'ensemble des particularités aboutit en quelque sorte à la constitution d'un *air de famille:* Chez l'homme, cet air se trouve surtout constitué par la similitude des expressions de physionomie. Dans aucun cas elle n'apparaît avec plus de force que quand des groupes d'Allemands ont été réunis sur des photographies. C'est que, comme le fait remarquer Dugald Stewart, l'air de famille consiste plutôt dans la ressemblance des expressions que dans celle des traits. Cette ressemblance étant le résultat de tendances héréditaires identiques et d'habitudes communes à un grand nombre d'individus de même origine ethnique, il serait plus logique de le désigner sous le nom *d'air de race.*

C'est de cet air de race que se dégage, au simple aspect d'un Allemand, l'impression qu'on se trouve en présence du type humain qu'on a justement qualifié du nom de boche. Il se trouve exprimé de la façon la plus saisissante dans le cliché suivant, représentant un groupe d'officiers prussiens, et qui a été publié par l'*Illustration* (fig. 8).

A ceux qui seraient portés à considérer que le terme *boche* n'est pas scientifique, il suffirait de répondre qu'il correspond à celui de *welche,* dont les Allemands, depuis des centaines d'années, n'ont cessé de se servir, pour désigner avec quelque expression de dédain, les représentants des races de l'Europe occidentale.

Le tronc, le type sous-diaphragmatique. — En dehors de la physionomie, le corps de l'Allemand présente un certain nombre de particularités spécifiques capables de retenir l'attention de l'observateur.

Déjà Desbarolles n'avait pas manqué de signaler *l'étroitesse du thorax contrastant d'une façon si frappante avec la proéminence exagérée de l'abdomen.* Le célèbre chiromancien ayant constaté que chez les représentants de cette race le mont de Vénus (l'éminence thénar) n'est pas développé, tandis que le mont de la Lune (l'éminence hypothénar) présente un épaississement assez marqué, il en avait tiré les conclusions suivantes :

Vous ne trouverez chez ce peuple ni galanterie, ni gentillesse, ni grâce affectueuse, ni même affection sincère. C'est de la Lune qu'ils reçoivent leurs signatures corporelles, les yeux noyés, vagues et faibles, abrités derrière les lunettes, les épaules épaisses, le *ventre gros,* la *poitrine étroite* et le teint plombé. C'est la Lune qui gouverne l'Allemagne.

La prédominance des organes contenus dans l'abdomen et leur développement disproportionné, par rapport à ceux qui sont logés dans le thorax, permettent de définir d'un mot la constitution générale de l'Allemand. Il appartient au *type sous-diaphragmatique,* et c'est de là qu'il tire son caractère spécifique le plus tangible et le plus essentiel (fig. 9).

A toutes les époques de notre Histoire, cette proéminence du ventre avait frappé les Français qui s'étaient trouvés en contact avec les Allemands.

Le chevalier Bayard, devant Mézières, recevant d'un général allemand une sommation offensante, lui répondit d'une façon aussi laconique que spirituelle :

> Bayard de France
> Ne craint ni roussin, ni *panse*.
> D'Allemagne...

Il est encore plus intéressant de retrouver chez les Allemands eux-mêmes la reconnaissance, en quelque sorte officielle, de ce caractère de race. N'est-ce pas Luther qui disait :

Nous autres, Allemands, nous sommes de véritables *panses* à bière, compagnons joyeux, faisant goguette et ripaille, buvant et buvant toujours. Boire, en Allemagne, c'est boire non seulement à la façon des Grecs, qui ne soignent que leur ventre, mais s'en donner jusqu'au gosier et *rendre ensuite tout ce qu'on a bu et mangé.*

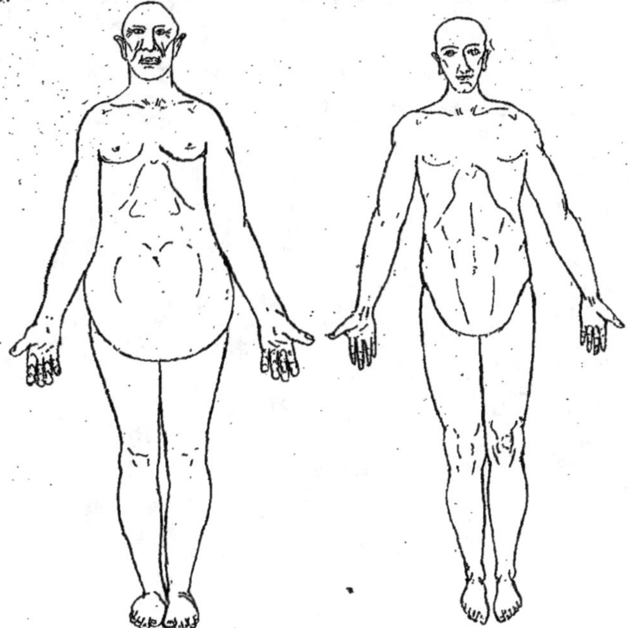

Fig. 9.

<table>
<tr><td align="center">Type allemand
(sous-diaphragmatique ou abdominal).</td><td align="center">Type français
(sus-diaphragmatique ou thoracique).</td></tr>
</table>

C'est également dans de nombreux documents dus aux crayons d'artistes allemands que se révèle la description figurée et, en quelque sorte, enregistrée de l'hypertrophie spécifique du ventre allemand. La reproduction d'un certain nombre de ces pièces suffira pour en fournir l'irréfutable démonstration. Parmi ces figures, les moins expressives ne sont pas les portraits de Hans Immerdurst, capitaine de la compagnie des buveurs de bière (fig. 10), de Lisell. la colonelle de l'escadron des buveurs de café

**

(fig. 11) et du roi Frédéric de Wurtemberg, exposé sur son lit de mort (fig. 12).

D'ailleurs, une autre preuve de l'exagération habituelle de la panse allemande se trouve dans ce détail macabre : chez les marchands d'objets funéraires, les cercueils faits d'avance, selon l'usage courant en Allemagne,

Fig. 10. — La panse allemande : Hans Immerdurst (1), le capitaine de la compagnie des buveurs de bière (xviie siècle).

présentent une hauteur qui nous paraît toujours exagérée. S'il vous prend la fantaisie d'entrer et de demander au marchand la cause de cette surélévation, il sera étonné de votre demande et vous répondra que cette dimension est nécessaire si l'on veut que le ventre du défunt puisse s'y loger.

Après cet examen de la face antérieure du tronc, faites retourner le sujet. Trois faits vous frapperont immédiatement : la largeur considérable

____

(1) Qui a toujours soif.

de la nuque ; l'épaississement de la taille, qui a souvent donné l'impression de la carrure dorsale du gorille, et, enfin, le développement exagéré de la région fessière.

La seconde de ces particularités explique l'emploi si fréquent des corsets de contention chez les officiers et chez les étudiants.

Fig. 11. — Lisoll, la colonelle de l'escadron des buveurs de café (xvii⁰ siècle).

La troisième est si manifeste que dans nombre de nos villes de province, quand l'idée vient d'aller se promener dans les parages où des prisonniers allemands sont employés, on dit à son voisin : « Ne venez-vous pas avec nous voir les gros... derrières ? » Pour être exprimée sous une forme plaisante, cette idée n'en correspond pas moins à l'objectivité d'une disposition anatomique spéciale. C'est assurément à la même constatation que remonte l'habitude, déjà ancienne dans beaucoup de pays, de désigner la région fessière sous le nom de *prussien*.

La main. — Les anthropologistes, trop préoccupés de déceler par l'observation crânienne les signes distinctifs des races, ne paraissent pas avoir accordé à l'examen des membres, et en particulier de la main et du pied, une attention suffisante. Cependant des caractères révélateurs s'y inscrivent en traits assez significatifs.

Fig. 12. — La panse allemande : Frédéric Ier, roi de Wurtemberg,
sur son lit de parade.

Lorsqu'Ovide, dans l'*Art d'aimer*, indique à son élève les compliments par lesquels il pourra se concilier les faveurs de celle qu'il aime, il l'engage à ne pas oublier de louer son petit pied et ses doigts effilés :

> *Nec faciem, nec te pigeat laudare capillos*
> *Nec teretes digitos, exiguam que pedem.*

C'est qu'en effet l'élégance des extrémités, aussi bien chez l'homme que chez le cheval, constitue le signe le plus évident de la distinction de la race.

Un très grand nombre d'auteurs ont exprimé l'opinion que la forme de la pensée exerce la plus grande influence sur la forme de la main. Charles Richet, dans sa préface du livre de Vaschide sur la *Psychologie de la main*, l'exprime avec force :

L'âme se reflète dans la structure de notre être, dans la physionomie, les traits du visage et la configuration des mains. Ce n'est pas un préjugé que d'attacher quelque importance, pour juger le caractère, à l'aspect extérieur de l'être. Pour moi, au risque d'être accusé de puérilité, je me sentirais incapable d'accorder ma confiance à un homme dont les mains seraient tortueuses, dysharmoniques et *grossières*.

D'Arpentigny, qui a décrit sept types auxquels on peut rattacher toutes les variétés de la main, désigne sous le nom de main élémentaire ou *grande paume* une forme large, épaisse, aux doigts forts et gros, au pouce recourbé en dehors.

C'est assurément en Allemagne que l'on rencontre le plus fréquemment des mains de cette allure. D'Arpentigny et, après lui, Vaschide, s'étant livrés à une étude approfondie des diverses écoles de peinture, ont signalé combien les différences de races, dans la représentation de la main, sont appréciables dans les œuvres d'art. Les mains peintes par Fra Filippo Lipi, Fra Angelico, Lorenzo di Credi, Antonio Pollajuolo, Raphaël et tous les peintres de l'école italienne, sont absolument différentes de celles qui ont été dessinées par Lucas Cranach, Christophe Amberger ou Martin Schafner.

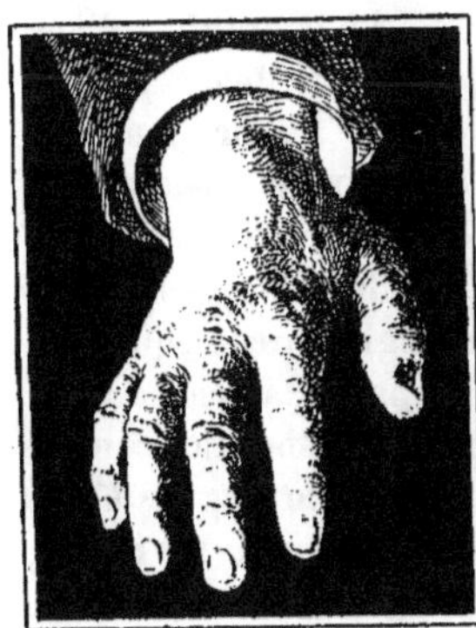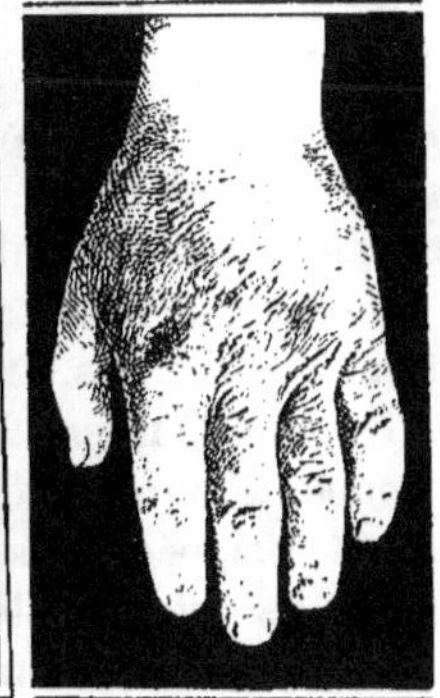

Fig. 13.

Main de Czerny.   Main du prof. Mikulicz.   Main du prof. Bergmann.

D'Arpentigny écrit :

Le peintre Ribera, que sa nature entraînait vers l'expression du laid, a donné, comme Murillo et Zurbaran, des doigts plus ou moins pointus à tous ses personnages, ce qu'il n'eût, certes, pas fait si la généralité des mains de son pays ne lui en eût pas fait une loi. Les gros doigts carrés et en spatule abondent, au contraire, sur les toiles des maîtres hollandais et flamands.

Vaschide complète cette impression en disant :

Lucas Cranach peint, en général, des *mains élémentaires*.

Si nous avons recours à une documentation plus récente, nous constatons, jusqu'à l'évidence, que la main des Allemands contemporains n'a pas cessé d'être la *grande paume*. La démonstration nous en est fournie, non seulement par les artistes contemporains, mais surtout par les documents photographiques.

Il y a quelques années, le docteur Scheich a publié dans une revue de Berlin, *Die Woche*, une étude sur les mains des principaux chirurgiens allemands de l'époque contemporaine. Leur examen nous apprend qu'elles sont larges, courtes, aux doigts épais et que leurs formes manquent de beauté. A elles seules, ces mains sélectionnées suffiraient pour nous renseigner sur l'absence de distinction qui caractérise la main allemande (fig. 13). En effet, cette main est lourde, massive, elle correspond à la lenteur de l'imagination et à la préoccupation intéressée. Là où elle se pose, elle demeure fixée par son poids ; il faut plaindre ceux sur lesquels cette paume s'appesantit de sa lourde masse. Tous ceux qui l'ont touchée ont gardé l'impression de cette chair molle, humide et grasse, de ces doigts *boudinés* et sans flexion. A retenir également l'aspect de ces ongles larges, courts et plats. Un fait qui démontre que la largeur des mains est bien la caractéristique de la main allemande est le suivant. Au cours du pillage des magasins en Belgique et dans le nord de la France, les officiers recherchaient surtout les gants d'homme pour les envoyer... à leurs femmes. D'ailleurs le mot qui correspond à la désignation des gants n'existe pas en allemand, on les appelle des *handshue*, des souliers pour les mains.

Les croyances populaires ne sont pas toutes absurdes. Il en est même qui reposent sur des observations très fondées. En Angleterre, lorsque chez une personne on constate une certaine lourdeur des mains associée à de la mollesse et à de l'humidité permanente, on considère cette disposition comme un signe fâcheux. Ces mains sont désignées sous le nom de *helpless hands* et elles présagent peu de chances de succès dans les entreprises. En réalité, cette mollesse de la peau résulte d'un trouble dans l'activité fonctionnelle des vaso-moteurs. Elle correspond au tempérament lymphatique et constitue l'hyperhydrose palmaire. Or, par la multiplicité des publications allemandes sur cet état pathologique, on peut se rendre compte de sa fréquence en Allemagne. C'est à cette hyperhydrose qu'il faut attribuer l'habitude, chez les individus de race allemande, de substituer à la poignée de main franche et loyale *la poignée de doigts*, qui exprime la défiance. C'est que l'Allemand, peu enclin à la franchise, redoute les contacts par lesquels pourraient se révéler les secrets de la pensée. Il ne livre ni ses yeux, ni sa main.

Le pied. — La vue du pied allemand donne une impression désagréable. C'est qu'il est laid, lourd, long, épais, plat, totalement dépourvu de grâce et de souplesse.

La lourdeur et la grosseur du pied des Allemands et surtout des Allemandes ont donné lieu à de nombreuses épigrammes. Henri Heine, dans son *Voyage au Hartz*, leur a consacré quelques lignes des plus piquantes :

Je me suis promené, écrit-il, des heures durant dans la Weenderstrasse, pour étudier les pieds des dames qui passaient. Dans la dissertation savante où sont consignés les résultats de mes observations, je parle : 1° des pieds en général ; 2° des pieds chez les anciens ; 3° des pieds d'éléphant ; 4° des pieds de femmes de Goettingue; 5° de tout ce qui s'est dit déjà au sujet de ces pieds dans le cabaret d'Ulrich; 6° de ces mêmes pieds considérés dans leurs rapports et, à cette occasion, je m'étends sur les mollets, les genoux; 7° si je puis trouver, dit-il en terminant, *un papier d'assez grand format*, je joindrai à mon travail quelques gravures donnant le *fac-similé* des pieds de quelques dames de Goettingue.

Henri Heine, auparavant, a pris soin de nous indiquer que cette ville est la synthèse de tout ce qu'il y a de beau en Germanie et que chacune des tribus germaniques y a laissé un exemplaire brut de son type.

Dans son *Voyage au pays des milliards*, Victor Tissot relate les doléances que lui fit un cordonnier de Nuremberg, qui le prenait pour un collègue. Il se vantait d'avoir fait des petites bottes aux gentilles Parisiennes. En

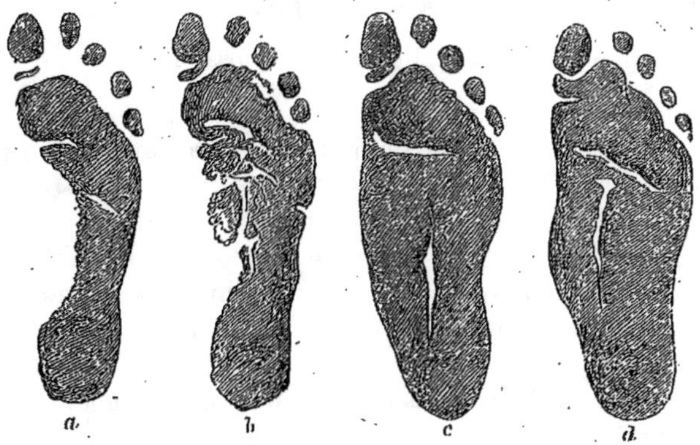

Fig. 14.

a et *b*, empreintes de pieds normaux; *c* et *d*, empreintes de pieds plats allemands.
(D'après Volkmann.)

France, la chaussure demande moins de cuir et on paye mieux; ici on use beaucoup plus de marchandise et on reçoit moins. Il trouvait que le bon Dieu n'avait pas été juste en faisant de si grands pieds aux Allemands.

La longueur des pieds des dames allemandes se démontre aussi par ce fait que lorsque vous vous arrêtez devant la devanture d'un marchand de chaussures, vous constatez que les pointures pour les dames sont exactement les mêmes que celles des hommes dans notre pays. D'ailleurs, au fur et à mesure de l'immigration allemande en Alsace-Lorraine, les cordonniers ont dû augmenter la longueur et la largeur des formes courantes.

Reste la question de la platitude des pieds. Ce détail de l'anatomie des Allemands est tellement connu que dans tous les pays annexés on les désigne couramment sous le nom de *plattfuss*, La fréquence du pied plat a suscité l'éclosion de nombreux travaux et justifié l'institution d'une spécialité médicale très florissante.

Récemment, un de ces spécialistes renommés, Scheffer, a donné de l'existence du pied plat une explication lumineuse. Il l'attribue à l'atrophie des muscles gastrocnémiens, c'est-à-dire des muscles du mollet. Selon lui, c'est parce que les gens n'ont pas de mollets et que leurs jambes ressemblent à des poteaux qu'ils ont les pieds plats. Il est vrai que d'autres spécialistes ont également fait avancer la science allemande en soutenant la thèse diamétralement opposée.

Un de leurs auteurs, qui s'est spécialisé dans l'étude de la beauté féminine, le Dr Stratz, ne fait pas difficulté d'avouer que chez l'Allemande c'est la moitié inférieure du corps qui laisse le plus à désirer : les hanches étant anguleuses et les extrémités inférieures plutôt trop grosses (fig. 14).

Quant au pied, il reconnaît qu'une légère courbure est au moins nécessaire. Selon sa poétique expression, il est désirable qu'on constate sous le pied l'existence d'une concavité assez marquée

> Pour qu'un oiseau, si petit qu'il soit, puisse s'y loger.

Un Alsacien auquel je soumettais cette formule pittoresque me répondit incontinent : « Un petit oiseau ! qu'irait-il faire sous un pied allemand ? il y serait immédiatement asphyxié ! »

Les empreintes laissées sur le sol par le pied mouillé révèlent la platitude du pied chez l'Allemand. Cette empreinte est parfois si accentuée, comme on peut s'en assurer par des photographies documentaires, qu'on se demande si la partie médiane ne creuserait pas un trou dans un sol meuble.

A cette description, forcément rapide, du pied allemand, j'ajouterai quelques détails : le plus souvent, le gros orteil est en retrait d'une façon appréciable sur le second orteil, et les extrémités des doigts du pied, au lieu de se raccourcir en courbe décroissante, sont à peu près sur la même ligne.

Si l'on ajoute à cela que le pied allemand est surmonté d'attaches lourdes, de chevilles épaisses, que l'affaissement du mollet donne aux jambes l'apparence de poteaux cylindriques, on comprendra que de l'extrémité inférieure de l'Allemand ne se dégage qu'une impression de laideur et de grossièreté.

Après ces constatations tirées de l'objectivité anatomique, il me serait facile de m'étendre dans de longues considérations. Il me paraît plus utile de m'en rapporter simplement à la démonstration et à l'éloquence des faits.

II

L'OBJECTIVITÉ PHYSIOLOGIQUE DE LA RACE ALLEMANDE

Chez l'homme, de même que chez les animaux, les différences ethniques ne sont pas constituées seulement par des caractères anatomiques tels que l'élévation de la taille, le poids, la couleur de la peau, des poils et des yeux, les dimensions du crâne, l'implantation du nez et des oreilles, la forme des seins, la disposition des organes génitaux, etc. Elles existent aussi dans le mode d'apparition des fonctions de la puberté, la précocité sexuelle, dans la fécondité, la durée de la gestation, la longévité, dans l'activité des sécrétions.

Mais, surtout, la composition chimique des humeurs et des tissus présente des termes de comparaison établissant les différences essentielles qui se rencontrent entre les organismes.

Si la personnalité anatomique se transmet avec une fixité relative, par contre la personnalité chimique se perpétue avec un caractère de précision en quelque sorte absolu. A l'objectivité des formes correspond une objectivité physiologique.

L'individualité et la spécificité des diverses races ne seraient donc pas constituées seulement par des caractères extérieurs ; elles résulteraient encore plus de la composition de leur milieu intérieur.

Les réactions de la matière vivante, à tous leurs degrés de complexité et dans toutes leurs manifestations, ne sont, comme l'enseignait Claude Bernard, que celles de combinaisons chimiques élémentaires constituant la substance même de ces organismes.

Les conditions d'existence résultant de la constitution du sol, des habitudes alimentaires dérivées de ses produits, les influences du climat, le rythme moteur spécial à la constitution organique des ancêtres, les habitudes mentales entretenues et cultivées par les coutumes et les traditions, ont, en vertu de l'hérédité, constitué en Allemagne, comme dans tous les autres pays, une race douée de réactions chimiques particulières.

La prédominance du tempérament lymphatique chez les Allemands, la mollesse générale de leurs tissus, leur tendance à la prolifération adipeuse, — comparées à la tonicité du système musculaire chez les Français, — permettent d'inférer qu'il existe entre ces deux peuples, au point de vue physique, de notables différences.

La densité, c'est-à-dire le rapport de la masse à son volume, n'est assurément pas la même chez le Français que chez l'Allemand. Le poids spécifique des individus de race française est supérieur, d'une façon notable, à celui de ceux de race allemande.

Il y a une très grande différence entre la chair et le fumet des lièvres allemands et ceux des lièvres français ; de même pour les chevreuils et les cerfs. Les gourmets le savent si bien que le gibier allemand est systématiquement exclu des maisons de premier ordre.

Les modifications qu'imprime le sol aux races animales s'étendent à l'espèce humaine. Déjà on avait été frappé du fait que certaines races sont plus sensibles à telles maladies infectieuses. Velpeau expliquait la faiblesse de résistance de certaines races aux conséquences des opérations chirurgicales en disant :

La chair du noir n'est pas celle du blanc. Leur chair est autre.

₊

Nous répéterons : « La chair de l'Allemand n'est pas celle du Français ; elle est autre. » Beaucoup d'indices permettent de considérer qu'au point de vue physique et chimique, il y a plus de différence entre un Français et un Allemand qu'entre un blanc et un nègre.

Le sang. — Par exemple, considérons la composition du sang qui, de tous les liquides de l'organisme, est celui dont le rôle est le plus important dans la constitution spécifique de l'animal. Cela est tellement admis que la pureté du sang est devenue synonyme de pureté de la race.

C'est de la plasticité particulièrement active de son liquide sanguin que le cheval de pur sang tire sa noblesse, et ce n'est pas sans motif qu'on lui attribue la plus grande part dans la constitution de ses formes, c'est-à-dire de ses éléments plastiques.

De même, chez les races humaines, le sang offre des différences appréciables dans le nombre et la proportion des globules blancs et rouges.

On doit au docteur Maurel la connaissance d'un fait important. Pour étudier les globules rouges, on les conserve dans un sérum contenant 4 centigrammes de sulfate de soude. Or, ce sérum, capable de conserver dans leur forme les globules européens, de même que ceux des Hindous, demande des proportions différentes pour d'autres races : 8/100 pour les globules de nègre et 2/100 pour ceux des Chinois.

Jusqu'ici la numération du nombre des globules blancs et rouges du sang des diverses races n'a pas encore été jugée digne d'intérêt. Cependant cette étude pourrait aboutir à d'utiles constatations.

Par la comparaison des chiffres publiés dans les travaux des principaux spécialistes en la matière, on peut déjà se rendre compte qu'une différence appréciable existe pour la quantité de leurs leucocytes chez les Allemands et chez les Français :

Variétés de leucocytes.

	JOLLY (Français)	BEZANÇON (Français)	ENGEL (Allemand)	NOEGLI (Allemand)
Polynucléaires neutrophiles . . . 0/0	60'	66'	66 à 75	65 à 70
Polynucléaires éosinophyles. . . 0/0	1 à 2	1 à 2	2 à 4	2 à 4
Labrocytes (mastzellen). 0/0				
Mononucléaires et lymphocites. . 0/0	38,5	32 à 33	29	25 à 30

Formule leucocytaire normale.

D'après ARNETH (Allemand) :

$V = 2$ 0/0. . . . $I = 5$ 0/0 ; $II = 35$ 0/0 ; $III = 41$ 0/0 ; $IV = 17$ 0/0

D'après ROUTABOUL (Français) :

$V = 1$ 0/0. . . . $I = 40$ 0/0 ; $II = 45$ 0/0 ; $III = 34$ 0/0 ; $IV = 10$ 0/0

NOTA. — Les chiffres romains représentent le nombre de noyaux des leucocytes du sang.

La formule représente le pourcentage des leucocytes à 1, 2, 3, 4 et 5 noyaux chez les adultes sains.

Pourcentage des leucocytes polynucléaires.

Chiffre d'EHRLICH (Allemand) 72 0/0
   — d'HAYEM (Français). 62 0/0

Globules rouges.

Nombre par millimètre cube :

   EHRLICH (Allemand) 4.570.000
   HAYEM (Français) 5.500.000

De la comparaison entre le chiffre d'Hayem et celui d'Ehrlich, concernant le nombre des globules du sang, ne pourrait-on conclure qu'à ce point de vue le sang de la race française apparaîtrait comme de qualité supérieure au point de vue de la richesse globulaire.

Quand on connaît l'importance du sang, au triple point de vue de la nutrition, de la désintoxication et de l'excitation, on peut se rendre compte des variations importantes que la moindre différence dans sa plasticité et sa composition peut apporter à la vitalité des organismes et, consécutivement, à la mentalité des races.

L'urine. — En ce qui concerne les moyennes données par les analyses d'urine, l'étude des coefficients n'est pas moins frappante :

	Urine française	Urine allemande
Coefficient urotoxique (cobaye). . . .	45 cent. cubes	30 à 35 cent. cubes
Émission en 24 heures.	1.200 à 1.400	1.300 à 1.500
Acidité en HCL.	1,83	2,5
Urée.	21 à 35 gr.	25 à 40 gr.

Ces variations n'avaient pas manqué de frapper le professeur Albert Robin. Se demandant si les moyennes de nos analyses d'urine n'étaient pas influencées par quelques causes d'erreur, il les a contrôlées avec l'exactitude la plus rigoureuse. Il est arrivé à la conclusion que, tandis que d'après les analyses officielles allemandes, la proportion d'azote non uréique s'élève en Allemagne à 20 0/0, elle n'est que de 15 0/0 dans les autres pays. En France, le coefficient d'utilisation azotée atteint 85 0/0, s'éliminant sous forme d'urée ; chez les Allemands, le coefficient s'abaisse et n'est, en moyenne, que de 80 0/0.

Le coefficient urotoxique est donc chez les Allemands au moins d'un quart plus élevé que chez les Français. Cela veut dire que si 45 centimètres cubes d'urine française sont nécessaires pour tuer un kilogramme de cobaye, le même résultat sera obtenu avec environ 30 centimètres cubes d'urine allemande.

Cette augmentation de la toxicité urinaire explique pourquoi les tables de nuit où l'urine d'individus de race allemande a séjourné sont imprégnées d'une odeur nauséabonde. Elle explique également pourquoi les armoires où ils suspendent leurs vêtements conservent d'une façon si persistante l'odeur de leurs excrétions sudorales.

Enfin elle éclaire pour nous d'un jour particulier la principale particularité organique de l'Allemand qui, impuissant à amener par sa fonction rénale surmenée l'élimination des éléments uriques, y ajoute la sudation plantaire. Cette conception peut s'exprimer en disant que l'Allemand urine par les pieds. C'est, en effet, en partie à l'usage des bottes, si répandu dans la nation allemande, qu'il faut reporter l'origine de la prolifération et de l'hypersécrétion des glandes sudorifiques de la région plantaire. Cette hypersécrétion, cultivée pendant de longs siècles, a fini par se transformer, par l'hérédité, sous l'influence de la prédisposition lymphatique, en caractère fixe, c'est-à-dire en caractère de race.

Ainsi, préalablement à toute recherche poursuivie dans un but expérimental, la simple comparaison des moyennes établies par des analyses biologiques, dans les laboratoires officiels, et publiées dans les traités classiques en France et en Allemagne, suffit à démontrer les divergences les plus frappantes entre la constitution chimique de la race française et celle de la race allemande.

*
* *

Déjà un certain nombre de savants français avaient pressenti le rôle joué par la constitution chimique en biologie. Chevreul, en 1824, exprimait l'opinion que chaque espèce, chaque race, devait avoir et avait sa caractéristique chimique.

Le rapport entre les dispositions mentales et la constitution chimique avait été exprimé par Charles Robin dans les termes suivants :

L'accomplissement des actes de l'ordre le plus élevé par leur complication est subordonné à celui d'actes d'ordre inférieur, la réaction chimique par exemple.

Le professeur Armand Gautier est également arrivé à la conclusion que parmi les caractères héréditaires les plus tenaces, le plus imprescriptible était le caractère chimique.

Le professeur A. Bordier, dont l'enseignement à l'École d'Anthropologie comportait les vues les plus originales sur l'acclimatation et sur la pathologie comparée, a insisté à la fois sur l'importance du milieu intérieur dans la constitution définitive des races et sur son rôle dans la création de leurs immunités particulières à l'égard des maladies.

Deux ordres de faits permettent d'affirmer que la constitution d'un milieu chimique intérieur, propre aux individus de chaque race, n'est pas une simple vue de l'esprit, mais est conforme à la réalité.

Les premiers se rattachent aux recherches expérimentales, les seconds sont du domaine de l'observation clinique.

La clinique nous a déjà fait connaître l'aptitude de la race allemande à l'égard du typhus, la fréquence et la gravité des affections cutanées dans la même race.

En poursuivant d'une façon systématique, dans les diverses races, l'étude comparée de la composition et de la viscosité du sang, de la proportion des sels dans les divers tissus, de l'absorption des graisses, de la constitution des humeurs, des tissus, des sécrétions glandulaires, des excrétions, de la densité des organes, des données fournies par la réaction de déviation du complément et par d'autres réactions du même ordre, d'utiles éléments d'appréciation seraient réunis. Ils permettraient de déterminer le statut chimique de chacune des races soumises à l'observation.

Cette science nouvelle, pour laquelle je propose le nom d'ethno-chimie, collaborera efficacement avec la psychologie pour éclairer sur la persistance des tendances, des instincts, des impulsions, des besoins et des appétits chez les individus de telle ou telle race.

Elle permettra de comprendre pourquoi, en présence des mêmes *stimuli* et des mêmes excitations, les diverses races se montrent si différentes dans leurs réactions psychologiques et mentales.

Déjà, certaines nations se sont préoccupées de se prémunir contre l'infiltration d'éléments indésirables.

L'ethno-chimie mettra à leur disposition les indications les plus propres à réaliser ce dépistage d'individus de races inférieures ou malfaisantes.

On lui devra également d'établir la cause des antagonismes irréductibles de races hostiles, l'affinité psychologique et la sympathie sociale ne pouvant se manifester là où l'identité chimique n'existe pas.

Les réunions d'animaux se groupant en sociétés ne sauraient se concevoir qu'entre animaux doués d'un isomérisme chimique absolument identique.

C'est de cet isomérisme que résulte l'odeur spécifique de la race, dont la perception constitue pour eux le principal moyen de se reconnaître et de maintenir leur groupement.

Il n'est pas téméraire de supposer que, grâce à l'ethno-chimie, le pédantisme des individus de race allemande, leur lourdeur, leur absence de goût artistique, leur brutalité, de même que l'odeur fétide qui se dégage de leurs personnes, seront réductibles à leur appétit pour la graisse et pour les aliments hydro-carbonés.

*
* *

Dès à présent, il est admis par un certain nombre d'observateurs, et en particulier par des biologistes allemands, que quand, par la sélection et l'adaptation, la vie moléculaire et la composition chimique de la race se trouvent constituées, quelles que soient les modifications superficielles présentées par des individus isolés, le type racial se rapporte toujours au point de départ fixé par la constitution chimique primordiale.

Admettre que l'appétence présentée depuis des siècles par les individus de race allemande pour les aliments hydro-carbonés, par opposition à la préférence donnée par ceux de race celte ou française aux aliments phosphatés, dérive vraisemblablement d'une orientation alimentaire différente, survenue dans l'état protoplasmique, n'est donc pas une hypothèse dépourvue de base logique. En ce qui me concerne, je suis disposé à inférer que, dans l'ordre chimique, l'Allemand, mangeur de graisse, est un carbonatide, tandis que le Français, mangeur de pain, est un phosphatide.

De là, dérive probablement la constitution des formes extérieures de chacune des deux races.

Chaque sel implique des dimensions spéciales pour les cellules qu'il contribuera à former : les phosphates donnant naissance à des tubes et des formes déliées ; les carbonates formant des cellules rondes, devenant carrées par leur juxtaposition.

Ce serait donc de leurs tendances alimentaires si opposées que résulteraient les antagonismes, les oppositions irréductibles entre la race germanique et la race française, que la guerre actuelle vient de mettre en évidence d'une façon encore plus indiscutable.

En attendant que la science biologique nous apporte sur le chimisme ethnique les contributions qu'on peut en espérer, je me propose d'étudier l'objectivité physiologique de la race allemande dans ses trois expressions les plus frappantes : sa voracité, sa polychésie et son odeur.

LA VORACITÉ DE LA RACE ALLEMANDE. — De toutes les manifestations objectives par lesquelles se révèle la spécificité de la race allemande, la *voracité* est assurément la plus caractéristique.

Tacite écrit dans maints passages de son livre sur les *Mœurs des Germains*, qu'ils

... aiment *avec passion* le lit et la table.

Il nous apprend qu'aux repas chacun des convives dispose d'une table qui lui est personnelle et qu'ils consacrent la plus grande partie de leur temps à des festins :

Passer sans interruption le jour et la nuit à boire n'est pour aucun d'eux une honte.

Dans un autre passage, il ajoute :

Si vous encouragez leurs penchants à l'ivrognerie, en mettant à leur portée toute la boisson qu'ils convoitent, vous aurez plus de facilité à les vaincre par leurs vices que par leurs armes.

Il leur arrivait fréquemment d'être si absorbés par la satisfaction de leur gloutonnerie qu'ils en perdaient toute notion de prudence. Toujours d'après Tacite, après un copieux repas, et d'abondantes libations, ils tombèrent dans un sommeil si profond qu'ils furent surpris et mis à mort sans défense par les Aggrifiniens (1).

La voracité des Allemands, étant inconciliable avec le choix raisonné des aliments les porte à préférer la quantité à la qualité. De là la propension à s'accommoder des aliments les plus grossiers.

---

(1) Le même fait s'est reproduit au cours de notre victoire de la Marne où de nombreux officiers et soldats allemands furent capturés étant dans l'ivresse la plus complète.

Déjà Jules César, dans les *Commentaires*, nous avait renseigné sur les tendances alimentaires des Germains :

Chaque année, écrit-il, leurs guerriers se mettent en campagne pour se livrer au pillage. Ils ne séjournent jamais dans la même région plus d'un an et ils se nourrissent surtout de lait, de viande et de gibier.

Plus tard, Tacite a confirmé ce goût des Germains pour les ingrédients dont le mélange constitue la saucisse, le mets national des Allemands (1).

Et l'on peut dire qu'un des principaux effets de la civilisation germanique a été de substituer, dans l'alimentation courante, à la chair du sanglier la viande toute prosaïque du porc.

Et si quelqu'un se demande les causes d'une fidélité si persistante de la race allemande à l'égard de la race porcine, Voltaire se charge de lui répondre, dans le roman *Candide*, par la bouche de Pangloss :

Et les cochons étant faits pour être mangés, nous mangeons du porc toute l'année.

Il est vrai qu'à défaut d'autre moyen de subvenir à sa voracité, l'Allemand n'hésiterait même pas à se nourrir de la chair de ses compatriotes. Wilhem Pierson, dans son *Histoire de Prusse* (2), écrit que, même au milieu du xviie siècle, les Germains étaient certainement cannibales, car en Silésie et dans une seule occasion cinq cents hommes furent tués et mangés. Les Allemands d'aujourd'hui étant demeurés dans le même état de barbarie, on peut s'attendre à ce que, poussés par la faim, ils se comportent comme l'ont fait leurs ancêtres du xviie siècle.

Dans tous les cas, l'Allemand ne se fait pas faute, à l'occasion, de consommer du chien. Des boucheries de viande de chien ont été depuis longtemps ouvertes dans les principales villes d'Allemagne. La chair du fidèle compagnon de l'homme y est souvent servie dans les restaurants sous le titre engageant de « côtelette de mouton d'Espagne ».

Un géographe du xviie siècle, Manesson Mallet (3), décrivant les peuples des divers pays du monde, disait en parlant de l'Allemagne :

Le menu peuple est rude et *mange sans propreté*. Toute la nation, en général, aime les longs repas et se fait une volupté de bien boire.

Frappé de la voracité innée des Allemands, Kant (4), dans un chapitre intitulé : *De l'abrutissement occasionné par l'usage immodéré des aliments*, rappelle à ses compatriotes qu'en se gorgeant de nourriture et de boisson,

---

(1) *Nulli domus, aut ager aut aliqua cura pro ut ad quam venere aluntur.*
(2) Wilhem Pierson : *Histoire de Prusse*, tome I, page 132.
(3) A. Manesson Mallet : *La description de l'Univers*, 1683.
(4) Kant : *Principes métaphysiques de morale.*

l'homme devient pour quelque temps incapable de se servir de ses facultés dans les actions qui demandent de la promptitude et de la réflexion.

Nietsche se trouvait sous la même impression lorsque, à une époque assez récente, il a écrit :

Si l'on considère la cuisine allemande dans son ensemble, que de choses elle a sur la conscience : les légumes rendus gras et farineux, l'entremets dégénéré au point qu'il devient un véritable presse-papier. Si l'on y ajoute le besoin véritablement animal de boire après le repas, en usage chez les vieux Allemands, et non pas seulement chez les Allemands *vieux*, on comprendra ainsi l'origine de l'esprit allemand, de cet esprit qui vient des intestins affligés. *L'esprit allemand est une indigestion, il n'arrive à en finir avec rien.*

Obéissant à l'amour de la graisse et du beurre, les Allemands ont préféré se conformer à l'opinion de Luther, qui leur a dit :

Le beurre est une chose très saine, et je crois vraiment que si les Saxons sont une race d'hommes si robustes, c'est grâce au grand usage qu'ils font du beurre.

De tous les aliments, celui pour lequel l'appétence des Allemands est portée au plus haut degré, c'est la graisse. Ce besoin exagéré de corps gras peut même être considéré comme un caractère de race. Il se manifeste chez les enfants dès qu'ils sont capables d'absorber des aliments solides. La graisse devient pour eux l'objet d'une véritable gourmandise. Voulez-vous le signe certain qui distingue un enfant de race celte d'un enfant de race germanique? Vous le trouverez dans l'appétit différent qu'ils éprouvent pour la graisse. La répulsion des enfants de race celtique à l'égard des aliments gras est bien connue. Si vous voulez être agréable à l'enfant celte, offrez-lui une part de viande maigre. Vous satisferez le jeune Germain en lui octroyant le gras.

La personnification alimentaire de l'Allemand tient dans ces deux mots : brassicaire et porcophile. Les choux et la viande de porc, sous toutes les formes, voilà ce qui est l'objet de leur préférence.

Je n'entreprendrai pas ici l'énumération des innombrables variétés de saucisses dont la cuisine allemande a enrichi son répertoire. Je me bornerai à citer la *Bockwurst*, petite et longue ; la *Leberwurst*, faite de foie haché ; la *Blutwurst*, qui est crue et fumée ; la *Pressack*, amalgame de sang et de graisse ; la *Weisswurst*, mélange de farine et de foie ; la *Knackwurst*, qui réunit les produits les plus innommables ; sans parler des saucisses dites de Francfort, dans la composition desquelles entre souvent la chair du cheval, du chien et même du rat.

A ces aliments de constitution anonyme, il faut ajouter les *Kloesse*, boulettes constituées de viande, de graisse, de foie, d'abats, de poissons, de farine, de purées et de tous les ingrédients susceptibles d'être digérés par un estomac allemand.

Mais l'usage de la graisse de porc, dont l'Allemand fait une si grande consommation, ne va pas sans comporter quelques retentissements sur sa constitution anatomique.

Les graisses de l'alimentation, lorsqu'elles sont absorbées en excès, se déposent dans les tissus en conservant le caractère des graisses ingérées.

De telle façon que l'embonpoint dont les Allemands tirent assez facilement vanité ne serait constitué que par un dépôt de graisse de porc.

Le physiologiste allemand J. Munck, auquel on doit cette démonstration, n'a pas songé un seul instant qu'elle pourrait exercer une influence sur le goût favori de ses compatriotes.

La voracité allemande a donné lieu, en Alsace-Lorraine, à de nombreux sujets de plaisanterie. Quand il arrivait, par extraordinaire, qu'un Allemand vînt prendre place à une table d'hôte, il était le point de mire de toute l'attention. C'est toujours dans un silence profond, à peine entrecoupé de rires dont l'Allemand ne soupçonnait pas la cause, que nos compatriotes annexés assistaient à ce spectacle de gloutonnerie.

Un industriel alsacien, ayant reçu à la campagne un acheteur allemand, dut le retenir à déjeuner. Ce convive fit preuve d'une voracité qui mit tout le monde en gaieté.

Au moment où il allait partir, les Alsaciens eurent l'idée plaisante de lui offrir, pour manger pendant son retour, tous les reliefs du festin. On fit alors un énorme cornet qu'il emporta en le serrant contre son cœur.

Les Sioux et les Peaux-Rouges des réserves américaines, quand ils sont invités dans une fête annuelle, chez les colons du voisinage, emportent tout ce qui reste du festin. Ils apportent, à cet effet, de grands sacs de cuir où ils entassent pêle-mêle la viande, le sucre, le sel, le pain, les fruits.

L'Allemand en question ne s'est jamais douté qu'il avait été, de la part des Alsaciens, victime d'une véritable mystification et qu'ils l'avaient traité comme ils eussent fait d'un Peau-Rouge.

Aux États-Unis, la grossièreté alimentaire des Allemands est bien connue. Un proverbe courant dit :

Au marché, les Américains commencent par acheter tout ce qu'il y a de meilleur ; les Allemands prennent ce qu'ils ont laissé ; puis, s'il reste quelque chose, c'est pour les cochons.

Ceux de nos compatriotes qui ont séjourné en Allemagne ont été tellement frappés de la voracité allemande qu'ils n'ont pas manqué de le consigner dans leurs impressions de voyage. La description suivante, empruntée à Jules Huret, qui, cependant, n'a jamais été suspect d'animosité à l'égard des Allemands, constitue un témoignage qui mérite d'être reproduit :

Bientôt ils mangent. Alors, la terre n'existe plus pour eux.

Le buste très penché en avant, le nez dans leur assiette, la chaise le plus possible éloignée de la table, les coudes écartés, ils mastiquent sans s'arrêter, avec une ardeur grave, sans lever les yeux et sans parler, aussi longtemps qu'il reste quelque chose devant eux. S'ils se trouvent devant une arête ou des os, ils ne les lâchent que complètement nettoyés, les découpent, les rognent et les grattent comme s'ils se livraient à quelque travail d'orfévrerie.

Ils font beaucoup de bruit en mangeant, râclent la sauce avec leur couteau qu'ils sucent; si la lame est pointue, elle sert quelquefois de cure-dents; ils enfournent coup sur coup de larges morceaux des mets variés placés devant eux. Car on leur a apporté tout ensemble : viande, pommes de terre et autres légumes, souvent des asperges ou des choux-fleurs, qu'ils avalent en même temps que la viande et les pommes de terre. Ils coupent les asperges avec leur couteau et les mangent jusqu'au bout, car elles sont généralement très cuites. Si elles sont dures, l'habitude ou leur goût les entraînant, ils s'y acharnent; et j'ai vu des gens mastiquer énergiquement les fibres des gros bouts d'asperges qui résistaient à la déglutition comme du caoutchouc.

J'en ai vu d'autres, dans des wagons-restaurants et des brasseries fréquentés par la société moyenne, essayer d'avaler le foin des artichauts et de croquer la croûte des melons.

La goinfrerie des femmes allemandes ne se distingue par aucune atténuation. A aucun point de vue, on ne saurait distinguer la moindre trace de cette réserve, de cette pudeur alimentaire, qu'on retrouve chez les femmes de tous les autres pays. Le fait est tellement frappant que Jules Huret a cru devoir le signaler dans les termes suivants :

Toute trace de coquetterie a disparu. La femme et l'homme sont égaux et semblables : ce sont des bêtes repues et digérantes; le ton des voix monte très haut, une sorte d'expression insolite a remplacé la retenue du commencement du repas. Nous sommes au moyen âge encore païen et on voit bien que ce qui empêche la kermesse publique, c'est la seule ombre de Luther.

En 1879, un observateur auquel on doit les plus judicieuses observations, Gaétan Delaunay écrivait dans ses *Études de biologie comparée* :

Cet appétit des Allemands tient à la race, puisque les bonnes allemandes, de l'avis des placeuses de Paris, ne sont jamais rassasiées (1).

Il ajoute dans un autre passage :

Toutes les placeuses vous diront que les bonnes allemandes sont extrêmement gourmandes et s'empiffrent constamment.

Dans les *Récits d'un vieil Alsacien*, dont la lecture nous apporte des renseignements d'une si grande valeur sur la psychologie des immigrés en Alsace-Lorraine, Jeanne et Frédéric Régamey ont dessiné la silhouette de l'Allemand qui mange. Il est impossible de fixer d'une façon plus exacte l'objectivité par laquelle apparaît un des traits les plus caractéristiques de la mentalité germanique.

Le véritable Allemand, au sang pur, non souillé de mélanges étrangers, commence par éloigner un peu sa chaise de la table, même lorsque la rotondité de son ventre ne l'y oblige pas. Il s'assied bien d'aplomb, fixe à droite et à

____

(1) Gaétan DELAUNAY : *Études de biologie comparée. Physiologie*, p. 12, 18.

gauche de son assiette ses deux robustes coudes bien écartés ; sa loyale poitrine s'étant inclinée, ses larges pectoraux s'appuient alors sur le bord de la table, et la ligne superbe de son dos apparaît comme un arc puissant. Ainsi posé, inébranlable sur sa vaste base, le voilà prêt à montrer comment l'Allemand, suivant une expression qu'il a inventée, la « Gründlichkeit », sait faire tout ce qu'il entreprend soigneusement, méthodiquement, à fond. Les devoirs gastronomiques, comme tous les autres, seront remplis avec conscience, sérieux, énergie.

De son poing gauche fermé, il saisit la fourchette, en agrippe le morceau de viande, le transperce, le fixe sur la faïence, le pouce contracté ; puis du poing droit, armé du couteau, coupe une tranche, qu'il charge sur la lame pour la porter à sa bouche. La fourchette, toujours piquée, n'abandonne sa proie qu'après complet engloutissement.

A la viande succèdent les légumes. N'ayant plus à trancher, l'énergie n'étant plus indispensable, il desserre gracieusement l'étreinte de la main gauche, et sur le couteau, tenu plus légèrement, pousse haricots verts, choux ou petits pois, qu'il réussit à faire tenir en équilibre sur la lame, jusqu'à ce qu'elle enfourne sa charge. Le couteau, du reste, n'a pas grand chemin à faire, car l'Allemand n'élève pas la nourriture à sa bouche : il se courbe vers elle. Son visage se penche vers sa pâture comme un mufle de bœuf broutant ou un museau de chien lapant dans son écuelle. Il a gardé les vertueuses rusticités de ses ancêtres, les Germains vêtus de peaux de bêtes, et s'efforce de rester toujours en communion avec la grande, la simple nature.

Mais, parfois, il ne se contente pas du couteau et se sert aussi de la fourchette pour manœuvrer les légumes. Alors, les coudes toujours immobiles et bien écartés sur la nappe, la tête basse, il exécute avec les deux poignets un mouvement de va-et-vient, de l'assiette à la bouche, qui lui donne l'apparence d'une puissante machine à manger.

* *

De nombreux documents historiques permettent de suivre à travers les âges l'aggravation héréditaire de la voracité germanique déjà signalée par Tacite.

Alors que tous les peuples font usage des aliments dans le but de conserver leur existence, l'Allemand cède à une impulsion de goinfrerie.

L'historien Jornandès affirme qu'Attila, après avoir exercé son appétit dans nos provinces de l'Est, s'empiffra tellement dans un repas de noces qu'il succomba sous le poids d'une indigestion.

Montaigne, après un long voyage en Allemagne, où il avait eu tout le loisir d'observer les Allemands, pouvait écrire :

Leur fin est l'avaler plus que le goûter.

L'histoire privée des empereurs et Grands Électeurs d'Allemagne, des rois de Prusse et des roitelets des divers États allemands, a consigné, avec autant de soin qu'elle eût fait d'actions d'éclat, le souvenir des orgies gastronomiques les moins vraisemblables.

Charles-Quint passait la plus grande partie de ses journées à manger. Ceux qui assistaient à l'un de ses repas étaient étonnés de la quantité d'aliments qu'il absorbait. D'ailleurs, il présentait au plus haut degré le prognathisme de la mâchoire inférieure, ce signe de dégénérescence, commun à tous les membres de la dynastie des Habsbourg, dans lequel se reconnaît la prédominance des appétits matériels les plus inférieurs.

En 1511, à l'occasion du mariage du duc Ulrich de Wurtemberg avec une princesse bavaroise, on organisa un festin dans lequel on mangea 136 bœufs, 1.800 veaux, 570 chapons, 1.200 poules, 2.759 grives, 11 tonnes de saumons, 90 tonnes de harengs, 120 livres de clous de girofle, 40 livres de safran, 200.000 œufs et 3.000 sacs de farine. Il fallut 15.000 tonneaux de vin pour étancher la soif de ces polyphages. Le menu de ce repas pantagruélique est enregistré par les chroniques du Wurtemberg comme un des faits les plus admirables de leur histoire.

Le maréchal de Grammont, interné comme prisonnier à Ingolstadt, en 1646, nous a transmis la relation des festins auxquels il fut convié par les Grands Électeurs. Nous savons par lui qu'aucune de ces réunions ne se terminait avant que tous les convives fussent ivres-morts. Les dîners duraient d'habitude sans discontinuer depuis midi jusqu'à neuf heures, au bruit des trompettes et des cymbales qu'on ne cessait d'avoir dans les oreilles.

Frédéric-le-Grand continue la série. Il faut voir le despote prussien pour juger de ce qu'un homme peut absorber sans éclater. Voici les termes dans lesquels M. G. Lenôtre nous décrit la fureur de son impulsion dévoratrice (1) :

Il avale, broie, ronge comme un fauve ; ses mains, sa bouche, ses joues sont inondées de sauce. Jamais il ne trouve assez épicés les mets qu'on lui sert : son cuisinier, las de reproches, a l'idée de saupoudrer les plats d'*assa fœtida*, et ce jour-là le roi se montre d'un appétit féroce. Il souffre d'horribles douleurs de goutte ; n'importe, il se bourre ; ses indigestions sont célèbres ; dès qu'il reprend ses sens, c'est pour réclamer de la victuaille, du pâté d'anguille ou de Périgueux. Car son affectation de mépris pour tout ce qui vient de France n'englobe ni nos friandises ni nos bons vins. Quand, à force de s'empiffrer, il est à la mort, il mange encore, et comment ! !

On possède un de ses menus du mois de juin 1786, alors que tordu par la goutte, gonflé par l'hydropisie, couvert depuis les pieds jusqu'aux hanches d'une inflammation érysipélateuse, il est à bout de forces et sans connaissance une partie du jour : d'abord une soupière de bouillon exprimé des choses les plus fortes et les plus chaudes, auquel il ajoute, comme à son habitude, une grande cuillerée de fleurs de muscade et de gingembre. Puis un morceau de bouilli à la « russe », c'est-à-dire cuit dans un pot d'eau-de-vie ; ensuite une grande assiette de « polenta » au jus d'ail, arrosée d'un bouillon d'épices ; enfin un pâté d'anguille si poivré qu'il paraît « avoir été cuit dans les enfers ». Frédéric prétend, d'ailleurs, qu'il ne mange que « pour se soutenir » et il

---

(1) G. Lenotre : *La petite histoire : Prussiens d'hier et de toujours*, 1916, p. 166.

disgracie les médecins qui lui conseillent quelque ménagement. Peu d'heures avant de mourir, il absorbe encore « pour se soutenir » du café au lait et un plat de crabes à la sauce piquante.

Mais le type le plus éminent de cette série de goinfres célèbres fut Frédéric Ier, roi de Wurtemberg. A cause de sa corpulence, il avait été surnommé l'*Éléphant*. Venu à Paris pour le mariage de l'impératrice Marie-Louise, il assiste à un banquet donné à l'Hôtel de Ville. Pendant longtemps on y montra la vaste échancrure pratiquée à l'une des tables pour lui permettre d'y loger son énorme abdomen.

S. M. le roi de Wurtemberg, disait Napoléon, faisant allusion à sa corpulence abdominale, arrive toujours à Paris *ventre à terre.*

Quand le général Moreau, étant entré à Stuttgart, se présenta au palais du premier roi de Wurtemberg, il le trouva à table, la serviette au menton et la bouche pleine :

Il était armé de sa fourchette et ses cuisiniers étaient à leurs pièces.

Il invita le général français à se mesurer avec lui sur le seul champ de bataille où il était sûr de remporter la victoire.

Des exemples aussi illustres ne pouvaient manquer de porter leurs fruits. A mesure que les conquêtes de l'Allemagne lui ont permis de donner satisfaction à l'appétit de la race, la consommation alimentaire s'est développée dans des proportions surprenantes. Dechambre, nous apprend que l'Allemagne est le pays qui compte le plus de boulangers et de bouchers en proportion de sa population.

A la veille de la guerre, en dehors de sa production toujours croissante, ses dépenses annuelles s'élevaient, pour l'importation des comestibles, à la somme de deux milliards deux cent millions de marks, non compris 170 millions de bétail sur pied.

De tout ce qui précède et de ce que j'ai personnellement observé, pour l'Allemand de pure race germanique, c'est dans le ventre que la nature a placé la raison et le but de l'existence. La fonction intestinale est pour lui le *primum movens* de toute activité vitale, le centre d'élection de toute jouissance. Toutes les autres sensations ne sont que les auxiliaires, les servantes de cette satisfaction matérielle, supérieure à toutes les autres. C'est donc par sa voracité que l'Allemand objective sa joie de vivre et la conscience de son expansion envahissante. « Je me remplis la panse, donc je suis. » De là vient que celui qui absorbe les plus grandes quantités d'aliments, dans un temps donné, se démontre à lui-même qu'il occupe la place la plus importante. D'où le proverbe : *Der Mensch ist was er isst* (l'homme vaut par ce qu'il mange). Étant bien entendu que lorsqu'il s'agit d'Allemands, on ne se place qu'au point de vue de la quantité.

LA POLYCHÉSIE DE LA RACE ALLEMANDE. — La polychésie est la manifestation d'une suractivité anormale de la fonction intestinale.

Elle est la conséquence de la polyphagie et est en rapport, non seulement avec la quantité, mais avec la qualité des aliments absorbés. Elle se traduit par une excrétion exagérée des matières fécales. Le besoin fréquent de défécation qui en est la conséquence est la source, dans le domaine mental, d'aberrations se rapportant à la satisfaction de ce besoin.

La polychésie, par sa fréquence et sa constance, peut être considérée comme une des particularités les plus marquées de la race allemande.

Dans le passé, l'ironie des peuples avait trouvé ample matière à s'exercer aux dépens de nos ennemis. Déjà, du temps de Louis XIV, on disait que, par le seul aspect de l'énormité des excréments, le voyageur pouvait savoir s'il avait franchi les limites du Bas-Rhin et si son pied foulait le sol du Palatinat (1).

Le grave Leibnitz, faisant le récit des festins pantagruéliques donnés à l'occasion du carnaval de 1702, à la Cour de Hanovre, mentionne ce détail qui se rapporte aux habitudes d'un personnage du plus haut rang :

D'ailleurs, un pot de chambre de grandeur énorme, où il aurait pu se noyer la nuit, le suivait partout.

Depuis lors, la polychésie des Allemands n'a pas varié. Une vieille plaisanterie alsacienne consiste à poser la question suivante : « Savez-vous pourquoi, lorsque trois Allemands sont réunis, il n'y en a jamais que deux de présents ? » Les initiés répondent : « C'est parce que sur les trois, il y en a toujours un aux cabinets. »

C'est un fait bien connu qu'en Allemagne, par le fait de la polychésie, les water-closets, dans tous les endroits publics et privés, sont constamment assiégés.

L'hyperchésie allemande constituait un champ d'études si particulier, que son étude a suscité en Allemagne les émulations les plus ardentes. Aux laboratoires de scatologie ont été annexés des musées stercoraires dans lesquels sont exposés de nombreux modèles en cire, en pâte, de la plus rigoureuse exactitude. Comme le faisait justement remarquer, dans un congrès international, un des maîtres les plus éminents de la scatologie allemande, un tel degré de perfection ne saurait être atteint sans l'intervention d'un nombre respectable de collaborateurs : le photographe, le dessinateur, le mouleur, qu'il ne faut pas confondre avec le procréateur initial, le peintre-coloriste, et enfin le clinicien qui définit, compare et interprète. Les modèles sont naturellement déposés et brevetés, afin d'éviter les contrefaçons. A la place d'honneur, dans ce musée d'un goût spécial, figure la selle *allemande normale*, afin que les élèves puissent se *familiariser* avec son apparence.

La présence des troupes allemandes sur notre territoire a eu pour effet de nous rappeler cette hypertrophie de la fonction intestinale chez les

---

(1) BÉRILLON : *La polychésie de la race allemande.* Broch. in-8, 20 pages. Maloine, Paris, 1915.

Allemands. Dans leurs multiples invasions antérieures, les hordes germaniques s'étaient signalées par le débordement des évacuations intestinales dont elles jalonnaient leur marche.

Actuellement encore, dans la poursuite des Allemands battant en retraite, la marche de nos soldats n'est pas seulement retardée par des dévastations systématiques, elle est encore contrariée par les émanations des immondices stercoraires accumulées par des ennemis dépourvus de toute dignité et de toute pudeur.

En ce qui concerne les constatations positives relatives à l'hyperchésie, un premier fait est hors de doute. Comme je l'ai exposé dans une précédente communication sur l'odeur des Allemands, dans des conditions identiques de nombre et de séjour, la proportion des matières fécales des Allemands s'élève à plus du double de celle des Français.

Dans les usines de papeteries de Chenevières, en Meurthe-et-Moselle, cinq cents cavaliers allemands ont résidé pendant trois semaines. Ils y ont absorbé des quantités énormes de victuailles de toute sorte. La conséquence en a été qu'ils ont encombré de leurs déjections toutes les salles de l'usine. Une équipe d'ouvriers a mis une semaine pour retirer de l'usine *trente mille kilos* de matières fécales. Les dépenses de cet enlèvement se sont élevées à une somme considérable. L'amas de ces déjections a été photographié ; il s'élève à une hauteur à peine croyable.

A Liége, après un séjour de cent quatre-vingts Allemands pendant six jours dans l'immeuble n° 112, boulevard de la Sauvenière, les water-closets débordants ont nécessité une démolition complète pour les évacuer.

La maison tout entière était encombrée de matières fécales. Les lits en étaient remplis. Des ordures avaient été déposées dans les tapis, ensuite roulées avec soin. Les robes de soirée avaient été salies, puis rangées dans les armoires. Six personnes furent occupées pendant une semaine à cet épouvantable nettoyage.

La ville tout entière fut submergée, selon l'expression d'un témoin, sous une marée d'excréments.

Dans un grand nombre de localités serbes, on a été surpris de l'énormité des déjections intestinales laissées par les troupes autrichiennes. En certains endroits, les couloirs des maisons, les cours, les ruelles, les maisons elles-mêmes en étaient remplis jusqu'à un mètre de hauteur. Il a fallu une main-d'œuvre considérable et des dépenses très élevées pour en assurer l'évacuation.

Les mêmes constatations ont été faites en Serbie, partout où des localités furent occupées par des Autrichiens de race allemande.

A Valyevo, je tiens le fait du docteur Petrowitch, délégué à l'Office international d'hygiène, les Serbes, quelques instants après la déroute des Autrichiens à Valyevo, éprouvèrent un véritable sentiment de stupéfaction. Les rues étaient encombrées de monceaux de matières fécales, s'élevant à une hauteur à peine croyable. Ces amas d'excréments humains dégageaient une odeur intolérable et constituaient même, par leurs émanations pestilentielles, un obstacle à la marche des troupes. La première impression fut que les ennemis avaient intentionnellement encombré les rues de leurs déjections dans le but d'offenser leurs adversaires. Il fallut cependant reconnaître que leur accumulation avait été progressive. Or, la ville avait été occupée principalement par des officiers supérieurs et par les services de l'état-major autrichien. Les Serbes ne purent jamais s'expliquer comment tous ces officiers avaient pu circuler pendant plusieurs semaines en piétinant ces immondices, ni surtout comment ils avaient pu supporter la puanteur qui s'en dégageait.

Des exemples analogues pourraient être multipliés à l'infini. Le Dr Cabanès, dans la *Chronique Médicale*, en a recueilli un nombre considérable. Il a en particulier rappelé le cas historique du roi Guillaume II, en 1870, qui, dans son séjour à l'archevêché de Reims, souille le lit dans lequel il avait passé la nuit. Mais je m'en tiendrai aux principales conclusions suivantes :

1º La polychésie de la race allemande, par sa constance, par sa répétition et par sa fixité, constitue un caractère de race.

2º Au point de vue hygiénique, elle résulte de l'inobservance habituelle des règles de la tempérance et de l'hygiène alimentaire. Elle est en rapport avec le degré de gloutonnerie et de polyphagie ; tout polyphage étant, nécessairement, doublé d'un polychésique.

3º Au point de vue clinique, elle est caractérisée par une activité hypertrophique de la fonction digestive, ayant des répercussions inévitables sur toutes les autres fonctions.

La suractivité de l'intestin explique la fréquence des affections de cet organe chez les Allemands et l'importance accordée, en Allemagne, aux travaux de scatologie pure et appliquée.

4º Au point de vue anatomique, la mesure de l'intestin révèle, chez les Allemands, une augmentation de longueur d'environ trois mètres. Cet accroissement porte particulièrement sur le gros intestin dont la capacité est développée dans les mêmes proportions.

Les glandes annexes de l'appareil digestif présentent un développement corrélatif.

L'ampoule rectale des Allemands atteint des dimensions considérables, en rapport avec le surmenage fonctionnel dont elle est l'objet. Leur sphincter anal, comme cela a été fréquemment constaté au cours de l'anesthésie chirurgicale, n'offre qu'une résistance extrèmement faible et il se dilate avec la plus grande facilité.

La polychésie apporte le témoignage de l'infériorité biologique de la race allemande.

Odeur spécifique de la race allemande. — Au nombre des propriétés physico-chimiques des corps simples ou organisés se trouve celle de dégager une odeur. Il n'y a probablement pas d'objet ou de substance qui ne soit doué d'une odeur ou d'une saveur caractéristique.

La spécificité des odeurs, de même que celle des saveurs, dérive de la mémoire olfactive et de la mémoire gustative. C'est parce que la fonction d'enregistrer les impressions olfactives et gustatives a été dévolue à des centres nerveux spéciaux, que la spécificité de l'odeur propre à chaque corps est susceptible de devenir une notion positive.

Elle est donc absolument liée à la faculté du souvenir olfactif, qui nous permet de reconnaître et de qualifier une odeur quand, par l'intermédiaire de l'organe de l'odorat, nos centres olfactifs sont, après un espace de temps souvent considérable, impressionnés de nouveau par elle. A ce point de vue, il faut reconnaître que la mémoire olfactive et la mémoire gustative ne le cèdent en rien en puissance aux autres mémoires sensorielles. On rencontre même des individus chez lesquels la mémoire des goûts et des saveurs est douée d'une acuité véritablement surprenante.

En ce qui concerne les hommes, on peut admettre qu'une des causes contribuant à maintenir le caractère spécifique de l'odeur propre à chacune des races, c'est l'attachement à leurs habitudes alimentaires. Les représentants des diverses races ne renoncent à leur régime habituel que quand ils y sont absolument obligés. Pour peu que les circonstances leur en donnent la possibilité, ils s'empressent de revenir à leurs traditions culinaires. La multiplicité des échanges commerciaux facilite, d'ailleurs, de plus en plus cette fidélité au régime de prédilection. Les émigrants, loin de perdre le goût de leurs mets nationaux, ressentent d'autant plus d'attrait pour ces mets qu'ils sont plus éloignés du pays d'origine. Dans toutes les colonies tropicales, les Européens, plutôt que de se conformer aux usages locaux, ont transporté leur manière de vivre. C'est ainsi qu'aux Indes, où les indigènes professent le plus grand éloignement pour la chair de bœuf, les Anglais ont conservé leur prédilection pour la viande de cet animal. La bière, la choucroute, les saucisses et les « delicatessen » ont accompagné les Allemands dans toutes les parties du monde, ce qui laisserait à supposer que les préférences alimentaires des races leur sont inspirées beaucoup plus par des instincts innés que par les influences du milieu.

En réalité, l'alimentation n'est qu'un facteur secondaire dans la production de l'odeur. Des boucs et des béliers, paissant dans les mêmes pâturages, n'exhalent pas la même odeur. Les chevaux et les bœufs nourris des mêmes herbages conservent l'odeur caractéristique de leur espèce.

Les différents groupes d'hommes fournissent de nombreux exemples analogues. Bien que soumis au même régime alimentaire, il en est qui exhalent une odeur forte, tandis que les émanations des autres sont à peine perceptibles.

Au Mexique, deux races évoluent parallèlement en Basse-Californie : celle des Yoquis et celle des Moyos. Les Yoquis, demeurés à demi sauvages, négligent les soins de propreté ; les Moyos, au contraire, se lavent très fréquemment. Cependant, les Moyos et surtout les femmes Moyos se reconnaissent à leur odeur très spéciale. L'odeur de certaines races humaines est si pénétrante que les soins de propreté les plus minutieux n'arrivent pas à en atténuer l'intensité.

J'ai réuni un certain nombre de faits analogues dans une étude assez approfondie parue dans la *Revue de l'Hypnotisme* en 1909, sous le titre : *Psychologie de l'olfaction.*

Chez les espèces animales, l'odorat joue le rôle prépondérant dans la conservation et la défense de la race. A son rôle de réveiller périodiquement et de stimuler les fonctions de reproduction, s'en ajoutent d'autres d'une importance non moins considérable. C'est par lui que les animaux sont avertis de la présence de l'ennemi. C'est également l'odorat qui leur permet de dépister les proies dont ils doivent faire leur nourriture. Les perceptions olfactives tiennent la première place aussi bien dans le domaine de la guerre que dans celui de la chasse.

Sans jouer chez l'homme un rôle équivalent, elles n'en sont pas moins importantes. Comme chez les animaux, les impressions olfactives jouent le rôle prédominant aussi bien dans les attractions sexuelles que dans les affinités sociales. Il n'est pas téméraire d'ajouter que l'antipathie, la sympathie et l'électivité olfactives dominent impérieusement toutes les questions de pénétration et de collaboration internationales. La première condition pour que les peuples de race différente ne soient pas gênés dans leurs relations courantes, c'est que l'odeur de l'un n'affecte pas péniblement les fonctions olfactives de l'autre. Ici la linguistique se trouve d'accord avec la sociologie, car on ne peut présumer de longues relations de courtoisie entre des gens dont la disposition réciproque est de « ne pouvoir se sentir ».

La haine entre les races blanche et noire, qui se manifeste avec tant d'intensité aux États-Unis, a pour principale cause l'odeur que les Américains reprochent aux nègres. C'est d'ailleurs le motif le plus fréquemment invoqué pour exiger la séparation des deux races dans les tramways, les restaurants et les hôtels.

Des oppositions sensorielles du même ordre existent également entre les individus de race blanche et ceux de race jaune. Une dame qui a fait plusieurs séjours au Canada, dans des milieux où les cuisiniers sont Chinois, éprouvait la plus grande aversion pour les mets préparés par eux, car ils restaient imprégnés de leur odeur spécifique.

Les habitants de l'Égypte ancienne se rendaient un compte exact du rôle que l'odeur humaine et le sens de l'odorat qui la perçoit jouent dans l'appréciation de la personnalité. C'est ce qui ressort d'une remarquable étude présentée par le baron Textor de Ravisi, au congrès des orientalistes de 1880. Il y démontrait que les anciens Égyptiens ne reconnaissaient comme des frères que ceux qui réunissaient un certain nombre de conditions, parmi lesquelles figurait au premier rang celle d'être de la race du Mesraïm et d'être les Rot-U, c'est-à-dire « qui conservaient la même odeur *sui generis* ».

Les anciens Égyptiens, en limitant leurs élans de fraternité à ceux de leurs congénères chez lesquels ils retrouvaient une odeur sympathique, ne faisaient que se conformer à une loi naturelle.

La spécificité des odeurs de race a été reconnue également par Lavater : il affirme qu'il existe des odeurs nationales. Après avoir déclaré que le premier soupçon de leur existence avait été confirmé par de nombreuses expériences, il exprime l'idée que si elles peuvent s'expliquer par la nourriture et le genre de vie, il faut plutôt en trouver l'origine dans la qualité du sang et dans la constitution originelle :

> Il ne s'agit pas seulement ici, dit-il, des exhalaisons de la malpropreté, mais de celles qui sont inhérentes au corps ; j'oserai même affirmer qu'il est des figures et des physionomies dont on peut dire ou plutôt pressentir quelle est leur odeur particulière. (Lavater, t. IV, p. 45.)

Dans l'exposé de Lavater, il n'est pas difficile de reconnaître que c'est à l'odeur des Allemands qu'il fait allusion.

L'odeur nauséabonde qui se dégage de l'organisme des individus de race allemande a été maintes fois signalée à la suite des invasions germaniques. Pendant toute la durée du moyen âge, l'expression « puer comme un Goth » servit à exprimer l'opinion qu'un individu exhalait une odeur repoussante.

De toutes les invasions barbares, celle des Burgondes fut la moins cruelle. Peu nombreux, les Burgondes furent rapidement assimilés par les populations celtiques auxquelles ils imposèrent leur domination ; aussi le type germanique ne se rencontre plus dans les régions qui constituent la Bourgogne qu'à l'état d'exception ; encore est-il facile, si l'on en croit l'évêque Sidoine Apollinaire, de reconnaître le Germain-Burgonde à son amour de la table autant qu'à son odeur butyrique.

> *Quod Burgondio cantat esculentus*
> *Infundens acido comam butyro.*
>
> (Poésies de Sidoine Apollinaire.)

Une autre preuve non moins démonstrative de la puanteur spécifique des Longobards, se trouve dans la lettre adressée en 770, par le pape à l'empereur Charlemagne ainsi qu'à son frère Carloman, à l'occasion de son projet de mariage avec Berthe, fille du roi Didier. Le pape écrit au roi de France pour lui recommander de ne pas souiller le très noble sang des Francs en prenant femme dans la race très perfide et extrêmement puante des Longobards.

> *Quæ est enim, præcellentissimi filii, magni reges, talis desipientia, ut penitus vel dici liceat, quod vestra præclara Francorum gens, quæ super omnes gentes enitet, et tam splendiflua ac nobilissima regalis vestræ potentia proles, perfida, quod absit, ac fœtentissima Longobardorum gente polluatur.* (Recueil des historiens des Gaules et de la France, t. V, p. 542.)

Cette accusation de puanteur portée contre les Longobards, qui constituaient une des hordes les plus importantes de la Germanie, se trouve
confirmée par un récit de Paul Diacre. Il rapporte que dans un banquet où Turisende, roi des Gepides, avait convié quelques guerriers lom-
bards, un des fils du roi leur reproche d'exhaler une odeur puante,
analogue à celle qui se dégage des pieds des cavales lorsqu'ils sont
blancs et atteints de suppuration. (Pauli Warnefridi, *De Gestis Longo-
bardorum*.)

Pendant leur occupation de l'Aquitaine et du Béarn, les Goths avaient
eu recours, à l'égard des populations indigènes, à des procédés d'intimidation et de barbarie exactement identiques à ceux que les Allemands
d'aujourd'hui emploient dans la Belgique. Aussi, après la victoire de
Vouillé par Clovis, les survivants des armées gothes, s'étant réfugiés dans
les vallées les plus profondes des Pyrénées, y furent l'objet des repré-
sailles les plus méritées.

Pendant de longs siècles, la population les tint à l'écart, les traitant
comme de véritables pestiférés ; il ne leur était jamais permis de s'asseoir
à la même table que les habitants du pays ; boire dans un verre que leurs
lèvres auraient touché eût été l'équivalent d'un empoisonnement. A l'église,
ils ne pouvaient entrer plus avant que le bénitier.

Tout mariage avec une femme indigène leur était interdit ; on voit par
ce précédent à quelle dégradation doivent s'attendre les Allemands s'il
était donné à quelques-uns de séjourner dans les pays envahis, après
l'évacuation de leurs armées.

De dominateurs arrogants, les Visigoths vaincus passèrent sans transition
à l'état d'esclaves les plus obséquieux. Ces cagots, comme on les appelait
par une altération de mots *cans gots* (chiens goths), ne pouvant se mélanger
avec la population, conservèrent, dans toute leur impureté, les caractères de la race germanique.

Après Laurent Joubert, le commingeois François de Belle-Forest les a
décrits ainsi :

Et au reste portant en leurs faces et actions quelque cas qui les rend dignes
de cette détestation ; si ont-ils tous l'haleine puante et si les approchant vous
sentez ne scay quel malplaisante odeur sortir de leur chair, comme si quelque
malédiction, de père en fils, tombait sur cette race misérable d'hommes.

Outre les imputations de hâblerie, de mensonge, de gourmandise et
d'autres vices, les cagots passaient pour avoir le cou plus rouge que les
individus de race indigène. C'était une chose tellement reçue que lorsque
les paysans trouvent un épi plus rouge que les autres, ils disent : voilà un
cagot, et ils le séparent de la pile (fig. 15).

La description de l'odeur du cagot, qui augmente pendant les grandes
chaleurs, suffit pour démontrer la réalité de leur origine germanique. La
persistance de cette odeur à travers les siècles, alors qu'ils étaient trans-
plantés dans un pays très différent de la Germanie et qu'ils faisaient usage

d'une alimentation analogue à celle des indigènes, témoigne qu'il s'agissait bien d'une odeur de race.

Par les exemples qui précèdent, on s'explique qu'à notre époque les populations d'Alsace-Lorraine se soient montrées si réfractaires à l'assimilation germanique. C'est qu'une question d'odeur de race divise profondément la race indigène de la race des envahisseurs. L'odeur de la race allemande a toujours produit les impressions les plus désagréables sur la fonction olfactive de nos compatriotes d'Alsace-Lorraine.

Beaucoup de jeunes Alsaciens-Lorrains déclarent que, dans les casernes allemandes, leur odorat était continuellement soumis au plus douloureux

Fig. 15. — Tête de cagot, Goth, boche du moyen âge (Église de Moncin, Pyrénées).

des supplices. Ceux qui ont eu l'occasion de servir en France, ont assuré qu'aucune impression olfactive aussi désagréable ne les avait frappés de ce côté-ci du Rhin.

Un Alsacien auprès duquel je me renseignais pour savoir si des exemptions du service militaire ne devraient pas être faites en Allemagne pour ce motif, me répondit avec humour : « Si on se mettait en Allemagne à exempter les soldats pour cause de puanteur des pieds, il serait absolument impossible de recruter la garde impériale. »

En Alsace, l'épithète couramment employée pour désigner un Allemand à partir de 1870 fut celle de *Stinckstiefel*. La traduction littérale de ce mot serait *pue-bottes*.

Ce qualificatif trouve une variante fréquemment usitée dans le mot de *Stenkpreisse*, c'est-à-dire *Prussiens puants*.

L'influence repoussante exercée sur l'olfaction des habitants des pays annexés par l'odeur des Allemands a été confirmée par Jeanne et Frédéric Regamey dans un article intitulé : *La Fétidité allemande* :

Certes, nul Alsacien ne contredira le docteur Bérillon lorsqu'il parle de l'odeur, détestable et persistante qu'exhale l'Allemand. Qui donc, sur la terre annexée, n'a respiré ces relents composites ? Qui ne s'est bouché le nez au passage d'un régiment dans la rue ou même sur une route bien aérée, en pleine campagne ? Qui n'a souffert de l'atmosphère empestée de certains bureaux de l'administration où étaient réunis plusieurs employés teutons ?

Les soldats alsaciens, obligés de servir dans l'armée allemande, nous disaient qu'ils avaient l'habitude de donner régulièrement quelque argent à leurs camarades germaniques pour acheter ainsi le droit de marcher dans le rang extérieur de la compagnie, car, lorsqu'ils étaient complètement encadrés d'Allemands, ils se trouvaient suffoqués par leur odeur.

Dans une étude sur la bromidrose fétide de la race allemande, je me suis appliqué à démontrer que l'odeur nauséabonde constatée dans tous les endroits où avait séjourné quelque Allemand, tirait sa source d'une disposition spécifique de la race allemande. Depuis lors mes affirmations ont été confirmées par des milliers d'attestations (1).

Un grand nombre de médecins français, lorsqu'ils ont eu à soigner des blessés allemands, ont reconnu spontanément qu'une odeur spéciale, très caractéristique, émanait de ces blessés. Tous sont d'accord pour affirmer que cette odeur, par sa fétidité, affecte péniblement l'odorat. En effet, dans un hôpital ou une ambulance, elle est appréciable même lorsqu'il ne s'y trouve qu'un seul blessé allemand. On la perçoit déjà à une certaine distance du lit, et elle vous poursuit lorsqu'on s'en éloigne, parce qu'elle reste fixée sur les vêtements et sur les objets qui ont été en contact avec le malade.

L'enquête que j'ai entreprise sur cette question est venue pleinement confirmer mes impressions personnelles.

Il n'est pas douteux qu'il se dégage des Allemands une odeur spécifique, *sui generis*, et que cette odeur est particulièrement fétide, nauséabonde, imprégnante et persistante.

On ne la constate pas seulement chez les sujets blessés ou malades. Elle est également l'apanage de ceux qui sont bien portants. Plusieurs officiers français m'ont déclaré qu'ayant eu à accompagner des détachements de prisonniers allemands, ils étaient obligés de détourner la tête, tant l'odeur nauséabonde qui se dégageait de ces hommes les incommodait.

Des officiers d'administration, ayant dans leurs attributions de recueillir et de classer les objets trouvés sur les prisonniers, m'ont dit que les billets de banque trouvés sur les Allemands étaient imprégnés à un tel point de cette odeur désagréable qu'ils étaient dans la nécessité de les désinfecter. Il en était de même pour tous les autres objets.

Les exhalaisons fétides qui émanent de tout groupement d'Allemands, qu'il soit composé d'éléments civils ou militaires, ont été l'objet de nom-

---

(1) BÉRILLON : *La bromidrose fétide de la race allemande.* Broch. in-8, 12 pages, Paris, 1915.

breuses constatations. Ainsi, en Alsace, c'est une habitude de dire que lorsqu'un régiment allemand passe, l'odeur nauséabonde qu'il a dégagée ne met pas moins de deux heures à se dissiper.

Récemment des infirmières m'ont rapporté qu'une de leurs collègues, désignée pour assister à une séance de vaccination de prisonniers allemands, avait rapporté dans ses vêtements l'odeur spécifique de ces hommes et qu'elle l'avait conservée pendant plusieurs heures.

Le chirurgien Bazy me disait il y a quelques jours, à l'hôpital Beaujon, que, après la guerre de 1870, les casernes dans lesquelles avaient résidé des troupes du corps d'occupation allemande, conservèrent une odeur spéciale, très désagréable. Elle demeura nettement accusée pendant plus de deux ans après le départ des troupes, aucun des procédés de désinfection mis en usage ne parvenant à la neutraliser.

On ne manquera pas d'objecter que l'odeur des soldats allemands résulte surtout des conditions dans lesquelles ils se trouvent placés par la guerre. A cela il est facile de répondre qu'aussi bien dans l'état de paix que dans les périodes de guerre, l'odeur des Allemands présente les mêmes caractères de fétidité, et j'en ai recueilli d'innombrables preuves. Les faits suivants tendraient même à prouver que l'alimentation ne joue aucun rôle dans cette fétidité. Une famille alsacienne, plusieurs années avant la guerre de 1914, ayant loué un appartement à un officier supérieur, ne peut, après son départ, prendre possession des pièces avant de les avoir complètement remises à neuf. Cependant cet officier s'était depuis longtemps soumis à un régime alimentaire analogue aux habitants du pays.

Des hôteliers du Quartier Latin ont dû faire désinfecter des chambres occupées par des étudiants allemands. Leur régime n'était pas différent de celui de leurs autres pensionnaires dont l'odeur ne comportait aucune particularité spéciale.

De nombreux faits de bromidrose fétide chez les Allemands ont été constatés dans des circonstances analogues. Dans les hôtels de la Riviera, les chambres qui ont été occupées par des Allemands conservent indéfiniment cette odeur spéciale très pénible pour les odorats sensibles. Elle expliqué pourquoi les hôtels où descendent les Allemands sont délaissés par les voyageurs d'autres nationalités. Les imprégnations de cette odeur se retrouvent dans les placards, les armoires, les meubles où des vêtements ont été renfermés, mais elle a surtout son lieu d'élection dans les tables de nuit.

L'odeur de la race allemande présente des caractères si particuliers que lorsqu'on l'a une fois perçue, elle reste définitivement gravée dans la mémoire sensorielle. C'est par elle qu'il fut permis de dépister, quelques semaines avant la guerre, un employé allemand qui, sous le couvert de la qualité d'Alsacien-Lorrain, s'était fait admettre à l'Établissement médico-pédagogique de Créteil. Il s'agit donc d'une odeur spécifique de race qu'on r trouve chez la grande majorité des individus allemands. Cette odeur, par l'effet de soins de propreté, de pratiques d'hygiène spéciale, de l'usage de désinfectants, est moins appréciable dans les classes riches ou aisées ; elle n'en est pas moins sensible pour un odorat délicat.

Elle n'est pas particulièrement liée à la couleur des poils. Elle émane des individus bruns aussi bien que des blonds roux.

Une différence sensible existe cependant entre les émanations des uns et des autres. Tandis que chez les bruns un examen attentif rappelle l'odeur du boudin dans lequel on aurait incorporé de l'encens ou du musc, chez les blonds on perçoit l'odeur de la graisse rance avec les senteurs aigres qui se révèlent à l'approche des fabriques de chandelles.

L'impression ressentie est exprimée d'une manière différente par les observateurs. Les uns disent que l'odeur de l'Allemand est analogue à celle qui se dégage des clapiers de lapins. D'autres la comparent à un relent de ménagerie mal tenue pendant l'été. Il en est aussi qui se rattachent à l'odeur aigrelette des fermentations lactiques, de la bière répandue sur le sol, de barils ayant renfermé des salaisons, du petit salé. J'ai entendu exprimer l'opinion que l'odeur exhalée par les Allemands est analogue à celle qu'on perçoit chez un grand nombre de vieillards arrivés à la période de la décrépitude.

Il s'agit en réalité d'une odeur composite, de laquelle un odorat exercé pourrait seul dégager les éléments disparates.

Au premier rang de ces éléments constitutifs de l'odeur allemande, je puis indiquer :

1° L'odeur hircinique qui émane des aisselles et a reçu son nom de l'analogie qu'elle présente avec l'odeur du bouc. Elle tendrait à prédominer chez les Bavarois et les Allemands du Sud ;

2° L'odeur butyrique, dont le siège d'élection se trouve dans les interstices des doigts des pieds et qui est en rapport avec le tempérament, le développement graisseux et le tempérament lymphatique d'un grand nombre d'individus de race allemande. Elle est assurément plus accentuée chez les Allemands du Nord et chez les Prussiens.

En dotant les corps et les individus nuisibles d'odeurs capables de nous avertir de leur présence, la nature a eu pour but de pourvoir à notre sécurité. Ne pas tenir compte de ses avertissements serait le témoignage d'une dégénérescence de l'instinct de conservation. Si, comme nous le disait H. Cloquet, l'odorat est à la fois l'organe de l'instinct et de la sympathie, ne soyons pas surpris si les hommes doués d'un « flair » normal n'accordent leur confiance qu'à ceux dont l'odeur ne leur inspire ni dégoût ni antipathie.

La bromidrose fétide des Allemands peut donc, à elle seule, et à défaut de tout autre grief, justifier la défiance instinctive dont ils ont toujours été l'objet de la part d'un si grand nombre d'humains. Lorsqu'il s'agit de la défense de la race, l'odorat est encore la sentinelle la plus vigilante. S'il arrive que la vue et l'ouïe, trop portées à se laisser suborner et illusionner, ne nous gardent plus, l'olfaction ne cesse de nous avertir et de nous tenir en éveil.

III

L'OBJECTIVITÉ PSYCHOLOGIQUE DE LA RACE ALLEMANDE

Depuis le commencement de la guerre, les actes de cruauté, de débauche ignominieuse, de dégradation, auxquels se livrent les Allemands, ne cessent d'être pour un grand nombre de nos compatriotes l'objet d'un profond étonnement. Ils n'arrivent pas à comprendre comment des êtres, qui se prétendent civilisés, peuvent se comporter, avec tant de facilité, comme s'ils étaient encore des barbares.

En effet, la mentalité allemande, pour tous ceux qui n'avaient pas pris la peine de l'étudier avec quelque attention, et qui se fiaient simplement aux apparences, demeure complètement incompréhensible.

Un certain nombre de médecins de Paris n'ont pas oublié avec quelle précision je leur avais indiqué, avant la guerre, dans une de nos réunions confraternelles, le débordement d'instincts féroces et dépravés dont l'agression des Allemands nous donnerait le spectacle. Ils se souviennent également ment des protestations véhémentes que quelques-uns d'entre eux élevèrent contre mes renseignements.

Ils n'admettaient pas qu'on pût soupçonner la grande Allemagne d'être jamais coupable du massacre d'enfants, de femmes, de civils sans défense, de la destruction systématique des monuments, d'incendies volontaires, de pillages individuels de la part des supérieurs, d'attentats à la pudeur des femmes, de déportations, de toutes les violations du droit des gens, sans parler des actes aussi inexplicables que peuvent l'être les orgies innommables et la scatomanie des officiers de tout grade.

C'est qu'ils cédaient au défaut trop commun de prononcer des jugements sans les appuyer sur les éléments d'une documentation positive. Leurs illusions tenaient également à ce que, dans l'étude de questions qui relèvent uniquement de la psychologie objective, ils ne savaient pas se dégager de l'influence léthifère d'une éducation sentimentale.

Depuis lors, s'inclinant devant l'évidence des faits, ils ont spontanément reconnu la justesse de mes prévisions.

LE PÉDANTISME. — A toutes les époques, comme l'a dit Montaigne, les pédants ont été l'objet du mépris des galants hommes.

Personnellement, je n'ai jamais entendu un Allemand faire une communication dans un congrès international sans me remémorer le vers fameux de Du Bellay :

> Mais je hay par sur tout un savoir pédantesque,

et cette impression était certainement partagée par la grande majorité des auditeurs étrangers.

Le pédantisme, c'est-à-dire l'affectation, l'étalage d'un savoir de compilation, l'expression des faits les plus simples avec une emphase dont la solennité n'exclut pas l'obscurité, ne sévit nulle part, avec autant d'intensité, que dans les universités allemandes.

Mais ce serait une erreur de croire que le pédantisme est un état d'esprit particulier aux professeurs et aux hommes de science allemands. Le pédantisme, en Allemagne, n'est pas un fait accidentel, il n'est pas le signe d'une déformation professionnelle. C'est un caractère de race. Il s'étend à toute la nation, s'exerce dans tous les domaines et on le retrouve à tous les degrés de l'échelle sociale.

La suffisance des Allemands n'est pas une chose nouvelle, elle a toujours existé chez eux. C'est encore plus dans leur pédantisme que dans leur brutalité que se trouve la cause de l'irréductible antipathie des populations qu'ils ont annexées.

L'énormité du pédantisme germanique a été soulignée par la verve des humoristes. A ce point de vue, le type du professeur Knatsché, tel qu'il nous a été présenté par Hansi, restera le symbole du degré auquel peuvent arriver l'infatuation et la solennité prétentieuse du professeur allemand.

Mais c'est aux psychologues qu'il appartient, par une analyse approfondie, de déterminer les causes sur lesquelles repose l'expression d'une morgue et d'un orgueil de race dont on ne retrouve la manifestation chez aucun peuple de la terre.

De mes observations sur ce sujet, il m'apparaît que le pédantisme allemand tire sa source des éléments suivants :

1° *Le servilisme inné de la race* qui la porte à la conservation d'une hiérarchie dans laquelle chacun, après s'être courbé, humilié devant un despotisme brutalement exercé, exige à son tour le témoignage de la bassesse et de l'asservissement de l'inférieur.

2° *L'orgueil de race systématiquement entretenu et exploité*. — Dès son enfance se révèle dans l'esprit de l'Allemand l'orgueil de race, dont l'école aura pour but de réaliser le complet épanouissement. Le maître d'école et le professeur trouvent dans leurs élèves un terrain admirablement disposé au développement de l'orgueil national.

Il leur est facile d'amplifier dans les cerveaux l'admiration pour tous les produits intellectuels ou matériels allemands.

Les penseurs, les poètes, les artistes et surtout les guerriers sont exaltés.

La femme allemande, *le joyau des femmes de ce monde*, est célébrée dans sa beauté et sa vertu. La pureté et la vigueur de la race sont glorifiées. Le peuple allemand étant élu de Dieu, ses expansions et ses conquêtes, sa domination sur le monde sont escomptées.

Malheur à ceux dont la témérité s'efforcerait de mettre obstacle à la diffusion d'un tel genre de conquête et de civilisation.

Quand il s'agit de la puissance et de la gloire de l'Allemagne, on ne saurait se montrer trop difficile sur le choix des moyens.

La duplicité, le mensonge, l'espionnage, l'intimidation et aussi le mépris souverain de l'adversaire, dont dérive le pédantisme, ne sauraient donc être répudiés quand il s'agit de l'ascension à des cimes aussi élevées.

3° *L'absence complète de l'esprit de finesse.* — L'Allemand, incapable de créer et d'inventer, limite son initiative à copier. Il plagie, il perfectionne, et enfin il utilise et exploite à son profit. Grand compilateur quand son esprit rencontre dans un autre pays une idée nouvelle, il est partagé entre la tendance à la mépriser et le désir de se l'approprier.

Long à comprendre, il tourne autour, la dérobe par morceaux, à chacun desquels il attache des jugements particuliers. Enfin il se l'approprie et la modifie d'une façon conforme à ses besoins et à son instinct; mais il ne la présente qu'après l'avoir tellement démarquée et surchargée d'ornements et de déguisements, qu'il est difficile d'en retrouver l'origine. Alors son orgueil s'exalte, il se considère comme un créateur et il s'empresse de retourner à l'étranger, exportée comme une invention, l'idée dont il n'est que le plagiaire.

4° *La cécité du ridicule.* — L'Allemand, à quelque catégorie sociale qu'il appartienne, n'a pas la notion du ridicule.

Qu'il s'agisse d'un hobereau, d'un officier, d'un fonctionnaire, d'un professeur, d'un bourgeois, vous serez toujours frappé à un moment donné d'une opposition entre la vulgarité d'une physionomie et la solennité d'une attitude; du contraste entre la lourdeur de la démarche et le déclanchement automatique d'un geste. Les transformations soudaines de rythme dont les clowns de cirques tirent leurs effets habituels d'hilarité se trouvent involontairement réalisées par les Allemands dans tous les instants de la vie.

Je pourrais par de nombreux exemples illustrer ma démonstration. Je me bornerai à un seul. Dans un congrès international qui se tenait en Suisse, le secrétaire général, s'exprimant en français, parlait de la façon la plus courtoise, son affabilité se montrait dépourvue de toute solennité et de toute prétention. Tout à coup, il redresse brusquement la tête, bombe son torse, et de sa gorge sortent des sons rauques, empreints d'une énergie sauvage. Il parle avec une force croissante, comme s'il était en proie à la plus violente excitation.

Je demande à mon voisin l'explication de cette soudaine fureur, il me répond : « Ce n'est rien, il répète simplement en allemand ce qu'il vous disait tout à l'heure en français. »

Pendant toute la durée du congrès, le zélé secrétaire général, s'exprimant alternativement dans la langue française, puis dans la langue allemande, nous a donné involontairement le spectacle d'un contraste saisissant entre le naturel et le grotesque.

C'est que l'impression du grotesque résulte de la combinaison de ce qui est exagéré, forcé, déformé et prétentieux.

Cette réalisation du grotesque, qui prête inévitablement à rire pour tous ceux qui ne sont pas de race germanique, se retrouve dans toutes les occasions où se réalise automatiquement la raideur obséquieuse de l'Allemand.

Tel est un officier en présence d'un supérieur, un assistant devant un professeur, un professeur devant un hobereau de rang princier.

Sans parler de toutes ces salutations automatiques, ces *verbeugung* multipliés, dans lesquels la partie supérieure du tronc s'infléchit à angle droit sur la partie inférieure.

5° *La colère*. — La colère allemande, le *furor teutonicus*, n'est qu'une des expressions les plus habituelles du pédantisme humilié. On l'a vu dans les élucubrations de tous ces prétendus savants dont la notoriété était surtout faite de notre snobisme. Le psychologue Wundt, dans les travaux duquel on chercherait en vain la moindre idée originale ou personnelle, n'a-t-il pas, dès la déclaration de guerre, démontré la faiblesse de son pouvoir de contrôle lorsqu'il a écrit :

La guerre juste et sainte, c'est celle que l'Allemagne fait à ses ennemis. La guerre de nos ennemis, c'est l'*attaque infâme* de brigands, dont les moyens sont l'assassinat, la piraterie et la flibusterie, non pas la lutte ouverte, honorable avec les armes.

Qui donc, après cette citation, pourra encore considérer Wundt comme un psychologue et voir en lui autre chose qu'un irascible pédant.

Il ne m'est arrivé qu'une seule fois de rencontrer un Allemand qui se rendait compte de ce qu'il y a de ridicule dans les exhibitions de costumes du kaiser, dans les gestes automatiques des officiers, dans la raideur des fonctionnaires, dans les duels symboliques des étudiants et dans le pédantisme irréductible de toute la race germanique. Comme je lui en exprimais mon étonnement, il me répondit : « C'est que je ne suis pas Allemand de race, je ne le suis que de nationalité. Je suis né à Prague, mon père et ma mère sont Tchèques. »

Or, on sait que les Tchèques ont la réputation d'avoir accaparé tout l'esprit de l'Europe centrale.

LE RITUÉLISME DE L'IVROGNERIE. — L'année dernière, dans son éloquente conférence sur la *Psycho-pathologie criminelle des Austro-Allemands*, mon ami M. le Professeur Capitan a exposé les causes de la mégalomanie sanguinaire des Allemands.

La rattachant à l'intoxication par un alcoolisme généralisé à toutes les classes de la société, il en a analysé l'action spéciale sur un terrain prédisposé et en a fait ressortir le caractère particulier de violence et de grossièreté.

Il est arrivé enfin à la conclusion que les crimes des Allemands ne sont que les réactions antisociales d'une mentalité pathologique.

En réalité, en ce qui concerne l'alcoolisme et les violences qui l'accompagnent, les Allemands d'aujourd'hui ne sont pas sensiblement différents de ce qu'ont été les Allemands de tous les temps. Les traditions qui les portent à se réunir pour se livrer à d'interminables beuveries ne sont que des survivances de la mythologie germanique.

La conception de la conduite de la vie est exactement la même chez eux qu'au temps des Germains de Tacite. Elle se résume en ces mots : carnage, pillage, goinfrerie, ivresse.

Tacite nous a renseignés sur les habitudes d'ivrognerie des Germains :

> Boire des journées et des nuits entières, écrit-il, n'est une honte pour personne. Leur boisson est une liqueur d'orge ou de froment à laquelle la fermentation donne les effets du vin.

L'histoire des anciens dieux allemands n'est qu'une série interminable de carnages, de trahisons, de soûleries et de gloutonneries.

Le plus ancien des personnages historiques cités dans les Eddas et Sagas est Ermenrich, roi des Ostrogoths, qui vivait au IVe siècle. Au cours de ses accès d'ivresse, il fait déchirer sa fiancée, Swanilda, par les dents de chevaux sauvages; il écrase sous des pierres les frères de la victime et extermine un grand nombre de ceux qui l'approchent.

Ses fureurs alcooliques lui ont valu une gloire impérissable dans l'admiration de toute la race gothe.

Les épopées germaniques ne relatent que des récits de sang, de pillage, d'orgies où la violence sans frein s'associe à une cupidité insatiable.

Un poème dramatique, « Le Festin d'Agyr », nous fait assister à la vie familière des dieux. C'est Agyr qui leur prépare l'hydromel dont ils usent à l'excès, et l'ivresse, après de longues disputes et d'interminables propos d'ivrognes, les amène à rouler sous la table.

Les scènes bachiques continueront à se dérouler pendant tout le moyen âge. La légende de Gambrinus, inventeur de la bière, sera l'inspiratrice des artistes et tous déifieront l'ivresse de la bière.

> Qui ne sait ferme et sec lamper à tous moments
> Jamais ne passera pour un bon Allemand,

lit-on sur une vignette de Josse Ammann, datée de 1588.

Le 19 mai 1539, Luther, dans un sermon véhément, s'élève contre l'habitude brutale, de l'ivresse *digne de pourceaux*, à laquelle s'adonnent les Allemands, se rendant la fable de toutes les nations. Mais les détails les plus circonstanciés sur le rituel de l'ivrognerie nous sont fournis par le maréchal de Grammont.

Dans un souper, chez l'électeur de Bavière, en 1646 :

> On y but tant de santés que tous les convives et le maître des cérémonies restèrent sous la table ivres-morts.

> C'est la mode et la galanterie d'Allemagne qu'il faut prendre en bonne part quand on est avec des Allemands et qu'on a à traiter avec eux.

Dans un autre festin, en 1658, chez le comte Égon de Furstemberg, où se trouvèrent les électeurs de Mayence et de Cologne, on but bien *deux ou trois mille santés;* puis, *la table fut étayée, tous les électeurs dansèrent dessus;* tous les convives s'enivrèrent.

Le maréchal de Grammont nous dit que :

Rien ne se rapatrie bien et solidement avec les Allemands que dans la chaleur du vin où ils appellent les convives, qui boivent le mieux et le plus longtemps, *leurs chers frères.*

L'électeur de Mayence, Jean de Schœnborn :

Ne buvait jamais que trois doigts de vin dans son verre, et buvait régulièrement à la santé de tout ce qui était à table, puis passait aux étrangers, qui allaient bien encore à une quarantaine d'augmentations; de sorte que, par une supputation assez juste, il se trouvait qu'en ne buvant que trois doigts de vin à la fois, il ne sortait jamais de table qu'il n'en eût six pintes dans le corps; le tout sans se décomposer jamais, ni sortir de son sang-froid, ni des règles de la modestie affectée à son caractère d'évêque.

Fig. 16. — Le rituélisme de l'ivrognerie allemande :
Président d'une corporation d'étudiants.

La margrave de Baireuth, nouvellement mariée, fait, en 1732, son entrée dans sa résidence. L'impression que lui laissa le repas de noces mérite d'être rapportée :

Je me trouvai, dit-elle, en compagnie de trente-quatre ivrognes, ivres à ne pouvoir parler. Fatiguée à l'excès et rassasiée de leur voir rendre les boyaux, je me levai enfin et me retirai, fort peu édifiée de ce premier début.

Les mémoires du comte de Poellnitz, lorsqu'il relate les orgies bachiques des cours d'Heidelberg et de Fulda, sont remplis de détails si répugnants qu'ils provoquent la nausée et soulèvent le cœur.

Dans toutes les universités, les étudiants ont des *Kneipen* (réunions quotidiennes) et des *Commers* (réunions hebdomadaires), où ils ne font que calquer leur conduite sur celles de ces illustres ivrognes.

En Allemagne, l'ivresse, comme toutes les autres manifestations de la vie sociale, est organisée et réglementée.

Elle s'impose l'obligation de gestes et de paroles conventionnels. En un mot, elle est rituélique.

Le rite naît du besoin de reproduire le même acte avec le même cérémonial, dans les mêmes circonstances. Il est en quelque sorte la consécration traditionnelle d'une habitude sociale. A ce sujet, il semblerait que tous les Allemands, dans leurs actes les plus élémentaires, s'inspirent de la parole mise par Renan dans la bouche d'un des personnages du *Prêtre de Némi :*

L'ordre du monde dépend de l'ordre des rites qu'on observe.

Fig. 17. — Défilé des corporations d'étudiants allemands.

Les lois régissant les corporations d'étudiants, qu'il s'agisse des *Verein* ou des *Burschenschaften*, sont extrêmement sévères.

Certains exigent la chasteté et l'indifférence totale à l'égard du *sexe féminin;* d'autres interdisent les jeux de hasard, mais aucun ne prohibe les beuveries.

L'incorporation s'effectue avec des rites consacrés et revêt une allure de solennité quelque peu pédantesque. Le candidat qui doit être de race allemande, s'engage par serment à se vouer au culte et à la grandeur de la patrie. Après il reçoit le baptême de la bière.

Les nouveaux admis. les *Fuchse* (les renards), doivent aux anciens, les *Burschen*, les marques de la plus servile obéissance. Dans les réunions, à la *Gulle*, dont la signification exacte est *flaque d'eau fangeuse*, ils sont tenus de boire de la bière autant qu'il plaira au *præses* de leur en faire avaler.

A la *Gulle*, chaque corporation a sa table. Aucune relation n'existe entre elles, malgré leur voisinage. Mais quand chacun a avalé une *quinzaine* de litres de bière, un besoin d'effusion les porte à oublier la couleur de leurs casquettes.

Le rituel de la beuverie comporte des formules dont nul ne peut se départir. Si l'on pose la question : Comment trouvez-vous la *Gulle?* La réponse réglementaire doit être : *Gœttlich!* (divine !). Sans cela on est exclu ou mis en accusation.

Un buveur ne porte jamais une chope à la bouche sans s'adresser à quelqu'un et, en levant le verre, prononcer le mot : *Prosit!* L'interpellé doit répondre : *Ich komme nach* (je suis) et boire également.

Si l'on vous dit : *Prosit einen Halben in dem Bauch!* (grand bien vous fasse, un demi-litre dans la panse !), dans le délai de trois minutes l'invité doit avoir avalé sa chope.

Cent autres formules analogues constituent le *rituel* de la bière, rédigé sur le modèle de celui de Leipzig et qui sert à l'initiation de tous les *Fuchse* (renards).

A côté du rituel, chaque buveur a devant lui le *Commersbuch*, le recueil de psaumes.

Sur l'ordre du président les gosiers altérés passent tour à tour de l'hymne patriotique ou religieux à la chanson bachique, intercalant à chaque pause le refrain perpétuel : « La bière coule sans fin. » (fig. 16.)

Les chants ne sont interrompus que par des récits où le *Witz* allemand se donne libre cours. Le *Witz* est une fantaisie qui a la prétention d'être satirique et ironique. Le *Commersbuch* en contient une douzaine où l'allure prétentieuse le dispute à la longueur, la lourdeur et la platitude. Aucun de nos étudiants n'en pourrait entendre le débit sans être pris de sommeil.

Il s'agit donc d'une soûlerie systématique et violente, contenue par une forte discipline.

La description de certains intermèdes devient à peine possible. A la *Gulle* est annexé le *Speibecken* qui est l'accessoire obligé de l'orgie : le vomitorium.

« Toute l'Allemagne, les républiques de la Hanse, les grands-duchés et les royaumes dissidents de l'empire, écrit Jules Huret, se rencontrent devant la cuvette (*Speibecken*) ». Quelle solidarité dans l'amour de la bière et de la patrie allemandes !

L'ivrognerie rituélique des Allemands ne trouve pas seulement son application journalière dans les Kneipe d'étudiants, mais les repas de corps des officiers, les banquets de corporations, dans les festins funéraires et toutes les réunions empreintes de quelque solennité : médicales, scientifiques ou autres.

Les congrès médicaux internationaux, siégeant en Allemagne, avaient été pour un grand nombre d'entre nous l'occasion d'une impression des plus pénibles.

Ce n'est pas sans un sentiment profond de dégoût que nous avions vu des professeurs, déjà âgés, se soumettre avec docilité à toutes les prescriptions de ces rites barbares. Ces hommes, d'allure respectable, n'hésitaient pas à associer leur voix à l'exécution des chants les plus méprisables, avant de succomber à l'ivresse si lourde qui les empêche de retrouver seuls le chemin de leurs domiciles respectifs.

La permanence des rites de l'ivresse et des traditions bachiques a été assurée en Allemagne par la superstition, la routine, l'absence d'esprit d'improvisation, le servilisme, l'orgueil de caste et l'hypocrisie.

L'acte de trinquer, de l'allemand « trinken », boire, qui signifie boire à la santé en choquant les verres, est un geste qui vient directement d'Allemagne.

Une superstition des barbares germains leur faisait croire qu'un souhait de santé n'avait de valeur qu'autant que la coupe serait vidée d'un trait jusqu'à la dernière goutte. C'est ce que les étudiants allemands ont continué à appliquer dans leur *Prosit rest* qui signifie : « A votre santé, jusqu'au fond du verre. » Ce qui oblige le partenaire à vider d'un seul trait son verre, quelle qu'en soit la dimension.

Le rituel bachique des étudiants allemands consacre la continuation de cette superstition. La routine et le défaut d'imagination s'accommodent volontiers de phrases toutes faites. Le servilisme et l'orgueil trouvent à la fois leur satisfaction dans la subordination volontaire et dans l'autoritarisme prétentieux des autres.

Enfin le fait de se plonger dans l'ivresse la plus répugnante, sous le prétexte de favoriser la santé d'autrui, n'est-il pas l'excuse la plus singulière que l'hypocrisie ait mise au service de l'intempérance ?

En perpétuant d'une façon rigoureuse les traditions dérivées de l'époque où la Germanie était plongée dans les ténèbres de la barbarie, le rituélisme des étudiants allemands consacre les paroles récemment prononcées par l'historien Lampretcht (1) :

Nous sommes des barbares et nous voulons le rester.

LE MIMÉTISME ALLEMAND. — Le mimétisme est la tendance que présentent certains êtres vivants à adopter la couleur et l'apparence des objets qui les entourent. Tandis que ce déguisement, d'ordinaire, a pour but de leur éviter de servir de pâture à des animaux qui leur sont hostiles, chez les Allemands il est mis au service d'intentions absolument contraires.

Le mimétisme de l'Allemand consiste à revêtir l'allure de la bienveillance et de la bonhomie. Il profite alors de la confiance qui lui est accordée pour espionner, se renseigner, afin de mieux arriver à s'approprier le bien d'autrui.

Ainsi compris, il réalise le mode d'exploitation qui constitue le mimétisme *parasitaire*.

____

(1) Pour être complet, au rituélisme de l'ivrognerie il m'aurait fallu ajouter les diverses pratiques rituéliques de la scatomanie, du stupre, de la dévastation systématique, de l'exécration, si fréquemment accomplis par les officiers allemands de race germanique et qui dérivent également d'anciennes coutumes des tribus germaniques. Le développement nécessité par leur exposé ne me permet pas de les comprendre dans cette conférence.

La mentalité de l'Allemand est tellement adaptée à cette manière d'être, que les industriels enrichis se font un titre de gloire des pires indélicatesses professionnelles.

L'un d'eux se vantait devant moi, en Allemagne, comme d'un acte tout à fait naturel, d'avoir fait pénétrer cinq espions de sa famille dans une fabrique anglaise. En occupant les situations les plus infimes, dans les divers ateliers, ils étaient parvenus à dérober tous les secrets de fabrication.

Dans le domaine médical et scientifique, des procédés analogues sont couramment mis en œuvre.

Afin de se mieux documenter sur les détails de ma technique personnelle en ce qui concerne l'hypnotisme et la psychothérapie, un médecin allemand avait eu l'idée de se présenter à ma consultation et de simuler une affection nerveuse. Il me fut très agréable, après avoir dépisté ses intentions de plagiat, de le soumettre à quelques expériences de *vivisection psychologique*, qui n'avaient rien de commun avec ce qu'il désirait apprendre.

L'imitation générale du milieu où séjourne l'animal a été décrite sous le nom d'*homochromie*. Le choix de la couleur des uniformes de l'armée allemande, le *gris terreux* (*feldgrau*), par ce qu'elle se confond avec celle du sol, n'est qu'une des multiples applications du mimétisme allemand. L'apparition de la neige a été l'occasion d'un nouveau déguisement. C'est recouverts d'un suaire blanc et le visage barbouillé de farine que les soldats allemands ont été amenés sur la ligne de combat.

Guillaume II donne le premier l'exemple de ces adaptations de costume au milieu. A cet effet, sa garde-robe ne comprend pas moins de six cents uniformes des armées de l'Allemagne et des autres pays de l'Europe.

Si dans le commerce, la science et l'industrie, le mimétisme consiste dans la pénétration d'émissaires chargés du plagiat des méthodes, de la copie des modèles, du démarquage des brevets d'invention; dans le domaine militaire il nous est connu sous la forme d'un espionnage savamment organisé. Au point de vue diplomatique, l'introduction, par le mariage, dans toutes les dynasties de l'Europe, de princesses allemandes, constitue également un des modes les plus efficaces de la pénétration germanique.

C'est ainsi que les parasites, en déposant leurs larves dans des organismes étrangers, assurent à la fois la continuité de leur existence, et celle de leur malfaisance.

Il est vrai qu'à ce point de vue les effets habituels de l'infection parasitaire n'ont pas tardé à se manifester. La pénétration du parasitisme allemand dans les dynasties de l'Europe en a promptement amené la décomposition et la déchéance.

Mais c'est dans le domaine de l'exploitation commerciale que se révèlent au plus haut degré la souplesse et la diversité de formes que sait revêtir le mimétisme allemand.

Par la falsification, la contrefaçon, ils étendent les déguisements par lesquels on surprend la bonne foi, à tous les objets de leur fabrication. Ils adoptent le nom, la forme, l'apparence, en dénaturant la constitution intime du produit. Que de fausses marques de champagne, de conserves alimentaires, de *camemberts*, de médicaments, ont été introduites frauduleusement sur les marchés. Une fabrique de liqueurs française possède dans son musée plus de cent variétés de contrefaçons allemandes. A toutes les formes décrites par les zoologistes, il convient donc d'en ajouter une nouvelle spéciale aux Allemands, sous le nom de *mimétisme commercial*.

Dans une étude parue en 1878, de Lacretelle a magistralement exposé la duplicité de sentiments qui, dans toute l'Allemagne, caractérise les intellectuels :

Chacun sait, disait-il, qu'un savant allemand habite deux demeures : l'une où il admet toutes les vérités, tous les progrès, toutes les innovations, où il discute, dissèque, juge, accueille, rejette avec passion les principes, les systèmes, les religions, les méthodes, les théories quelconques — c'est sa demeure intellectuelle ; l'autre, où il s'applique à ne jamais pratiquer les maximes qu'il reconnaît comme vraies, où il supporte patiemment les caprices des grands, des ministres, où il s'incline devant chaque corps constitué, où il professe le culte de la force, où enfin il est toujours prêt à servir des maîtres dont il a établi dans ses livres les ridicules et injustes prétentions. C'est sa demeure sociale et terrestre.

Le manifeste des quatre-vingt-treize professeurs allemands est venu corroborer l'appréciation si justifiée dont les savants allemands avaient été l'objet de la part de notre compatriote.

Seuls les habitants des pays envahis ont pu se rendre compte de l'étendue du pouvoir de dissimulation des individus de race allemande.

Aujourd'hui, comme en 1870, après s'être livrés aux attentats les plus abjects, le soldat allemand sait modifier son attitude et se couvrir le visage d'un masque de bonhomie, quand il y trouve son intérêt. Dans l'espoir d'en tirer le plus léger supplément de nourriture, il fait le bon apôtre et s'efforce d'attendrir ses propres victimes.

Le mimétisme allemand est un caractère de race, particulier aux individus de race germanique ; on ne l'observe pas chez les sujets annexés.

La cupidité est son mobile, le servilisme instinctif, l'obséquiosité et la duplicité constituent ses moyens habituels d'exécution. Par la constance et la fréquence de son objectivité il peut être considéré comme un des caractères les plus spécifiques de la race allemande.

LE FÉTICHISME DE LA RACE ALLEMANDE. — Le casque à pointe est le continuateur direct des casques ornés de cornes et de pointes dont les Huns, les Cimbres, les Teutons, les Vandales et les autres barbares de race germanique faisaient leur coiffure habituelle ; à lui seul, ce couvre-chef, surmonté d'un fer de lance, constitue le caractère le plus expressif de la mentalité allemande. Symbole fétichiste de la brutalité guerrière organisée, il signifie, pour celui qui le porte, l'intention d'être considéré comme un animal de combat et de proie.

Ce n'est pas par l'effet du hasard que les rois de Prusse ont adopté cette coiffure de guerre. Désireux de donner à leurs soldats l'aspect le plus capable d'inculquer la notion de la supériorité militaire et d'inspirer la crainte, ils ont repris le casque de cuir dont, selon Tacite, les Hariens, les Sarmates et les peuples de la Germanie ornaient leurs têtes dans le but d'effrayer l'ennemi. Le casque à pointe actuel est presque exactement calqué sur celui que portaient les Daces. (Fig. 18, 19 et 20, d'après le *Larousse illustré*.)

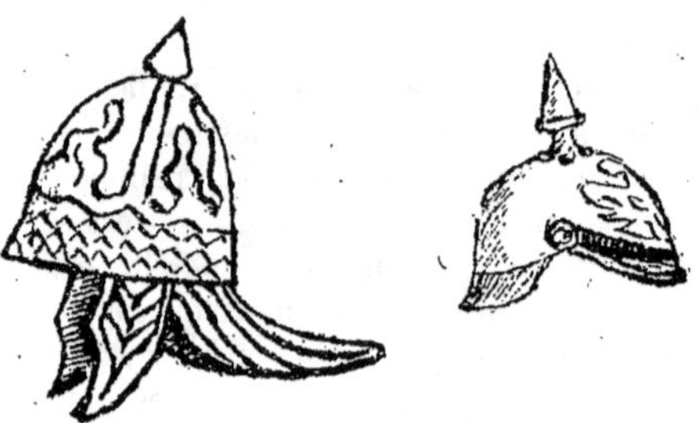

Fig. 18 et 19. — Casque Dace et casque allemand.

Parlant des Hariens qui habitaient sur la rive gauche de la Vistule et qui sont les ancêtres directs des Prussiens actuels, Tacite s'exprime ainsi :

Ces hommes farouches, pour ajouter à la férocité naturelle de leur visage, sollicitent le concours de l'art et des circonstances. Ils peignent en noir leurs boucliers, se teignent le corps, choisissent les nuits les plus sombres pour combattre, et rien que par l'horreur qu'inspire cette armée lugubre et par l'ombre qui l'enveloppe, répandent l'épouvante; il n'est pas d'ennemi capable de soutenir cet aspect étrange et en quelque sorte infernal, car, *dans tout combat, les yeux sont les premiers vaincus.*

Lorsque les Cimbres et les Teutons fondirent sur la Gaule et l'Italie, il se dégageait de leur aspect une telle impression de barbarie et de férocité, que les soldats romains en étaient impressionnés à tel point, que le général Marius crut nécessaire de prendre des mesures pour remédier à cet état d'esprit. Loin de se hâter de livrer la bataille comme le désiraient les Romains, il se retrancha dans un camp extrêmement fortifié et se cantonna dans la méthode sage et prudente de la temporisation.

Il plaçait ses soldats les uns après les autres, sur les remparts du camp, nous dit Plutarque, d'où ils pouvaient voir les ennemis, afin de les accoutumer à leur figure, au ton rude et sauvage de leur voix, à leur armure et à leurs mouvements extraordinaires. Il leur rendit ainsi familier, par l'habitude, ce qui d'abord leur avait paru si effrayant, car il savait que la nouveauté fait souvent illusion et exagère les choses que l'on craint, au lieu que l'habitude ôte même à celles qui sont redoutables une grande partie de l'effroi qu'elles inspirent. Cette vue continuelle des ennemis diminua peu à peu l'étonnement dont les Romains avaient été d'abord frappés, et bientôt leur colère, ranimée par les menaces et les bravades insupportables de ces barbares, échauffa leur courage. Car les Teutons, non contents de piller et de ravager tous les environs, venaient les insulter, jusque dans leur camp, avec l'insolence la plus révoltante.

Ces extraits démontrent suffisamment que, par leur fétichisme et leur croyance aux manœuvres d'intimidation, les Teutons d'aujourd'hui sont bien les descendants directs de ceux qui furent dispersés par l'armée de Marius.

Fig. 20. — Le casque de Bismarck.

À notre époque, si le fétichisme du casque à pointe s'est encore accentué chez les Allemands, c'est que la victoire avait, jusqu'à ce jour, couronné ce casque sur tous les champs de bataille où il avait été conduit par la dynastie actuelle des Hohenzollern.

Le fétichisme du casque est poussé à un tel degré dans les familles régnantes d'Allemagne, que les jeunes princes en sont souvent affublés à partir de l'âge de quatre ans. Des princesses le portent avec fierté les jours de revue, lorsqu'elles galopent à la tête des régiments de cavalerie dont elles sont les colonelles.

Des hauteurs princières, le culte de ce fétiche s'est répandu dans toutes les classes de la société.

Aussi, en Allemagne, tout ce qui représente une parcelle quelconque de la force publique a été pourvu du casque à paratonnerre. Les têtes des douaniers, des gendarmes, des policiers, des surveillants, des inspecteurs et contrôleurs en sont pourvus. Il n'est pas jusqu'aux médecins et aux pharmaciens militaires qui n'éprouvent un sentiment d'orgueil à s'en décorer le chef.

C'est que la présence sur une tête de ce fétiche en cuir bouilli est le signe de la discipline sur laquelle est basée la toute-puissance de l'Allemagne, et qu'elle confère le droit au respect.

FIG. 21. — Le kalpach des hussards de la mort.

Le fétichisme du casque à pointe a son équivalent dans le kalpach des hussards de la mort (fig. 21).

Cette coiffure, sur le devant de laquelle un crâne et deux tibias en croix rappellent l'étiquette par laquelle nos pharmaciens signalent la toxicité de

FIG. 22. — Fétiche du Congo.
(Ext. de la *Chronique médicale*.)

FIG. 23. — Fétiche allemand.
La statue en bois d'Hindenburg.

leurs produits, est l'objet, en Prusse, d'une admiration sans réserve. Le général Mackensen s'en est fait l'apologiste dans un livre où il a retracé l'historique des hussards de Dantzig. Le kalpach des hussards de la mort est la coiffure de prédilection du Kronprinz; il en a été le colonel. Il a partagé cette satisfaction avec la princesse Victoria-Louise, qui ne se fait pas faute d'arborer ces insignes mortuaires dans toutes les occasions solennelles.

Le fétichisme des Allemands, qui se manifeste dans tant de multiples circonstances, a trouvé une nouvelle application dans l'inauguration d'une colossale statue en bois du maréchal von Hindenburg. Érigée à côté de la colonne de la Victoire, à Berlin, elle a été inaugurée solennellement par le chancelier de l'empire. La sœur du Kaiser fut la première à planter sur le fétiche un clou orné de la couronne impériale. Depuis, deux millions de clous ont été plantés. Cette superstition se rattache à d'antiques traditions. Il était d'usage chez les Germains d'enfoncer des clous et des épines dans certains arbres pour se guérir des fièvres. Ces traditions ont pénétré dans quelques localités françaises, en particulier à Braine l'*Allend*, qui, comme son nom l'exprime, se rattache à une institution germanique. Elles ont depuis longtemps cessé d'être pratiquées. En dehors de l'Allemagne, on ne les rencontre plus que chez des peuplades à demi sauvages de l'Afrique centrale et du Congo.

<h3 style="text-align:center">CONCLUSIONS</h3>

L'opinion, adoptée par toute l'Allemagne dirigeante, que les Allemands sont les représentants d'une race distincte, directement issue des anciens Germains, trouve sa confirmation dans les caractères objectifs qui leur sont propres.

Ces caractères sont tellement accentués, dans leur triple objectivité anatomique, physiologique et psychologique, qu'ils autorisent la conception d'un type moyen, dont les particularités forment un saisissant contraste avec celles que présentent les individus des autres races.

En Allemagne même, ces différences ethniques sont rendues encore plus frappantes par la comparaison avec des populations annexées, chez lesquelles la germanisation systématique n'est parvenue à apporter aucune modification physique ou psychologique.

L'objectivité anatomique de la race allemande s'exprime d'une façon générale par la lourdeur, l'épaisseur et la carrure de l'ossature, la grossièreté des formes, par la dolichocéphalie et par la constitution du type *abdominal* ou *sous-diaphragmatique*.

Son objectivité physiologique s'extériorise dans les quatre principales manifestations suivantes : l'hypertoxicité des excrétions, la voracité, la polychésie et l'odeur.

Enfin, l'objectivité psychologique est caractérisée par un ensemble de réactions, au premier rang desquelles il faut placer : le pédantisme, le mimétisme parasitaire, le servilisme, le fétichisme, le rituélisme et la colère agressive. Ces dispositions mentales se rattachent toutes à l'insuffisance du pouvoir de contrôle cérébral. Elles témoignent d'une infériorité très accentuée dans le domaine psychologique aussi bien que dans le domaine moral. Elles sont également l'expression d'une solidarité et d'une *complicité de race*, exaltées par l'éducation sociale et par un ensemble de suggestions systématiques.

De ces caractères objectifs, si les uns sont susceptibles de provoquer le sentiment de la répulsion et du dégoût, il en est d'autres qui doivent également inspirer la défiance. Ils justifient, à l'égard des individus de race allemande, l'organisation préventive et durable d'un certain nombre de mesures d'excluion et d'élimination.

Dans tous les cas, il ne me paraît pas excessif d'avoir à leur égard l'opinion que le policeman, dans une comédie de Shakespeare, exprime au sujet des voleurs :

Et quant à cette espèce de gens, le moins que vous pourrez avoir affaire à eux, ce sera le mieux !

PARIS. — IMPRIMERIE CHAIX (SUCCURSALE B), 11 BOULEVARD SAINT-MICHEL. 756-17.